學會道法符籙，就看這一本

陳宥名
黃恆堉 ——著

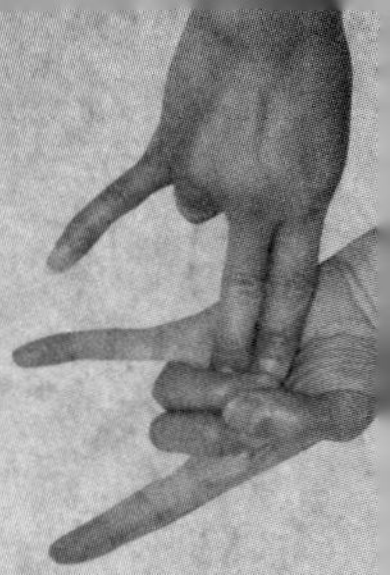
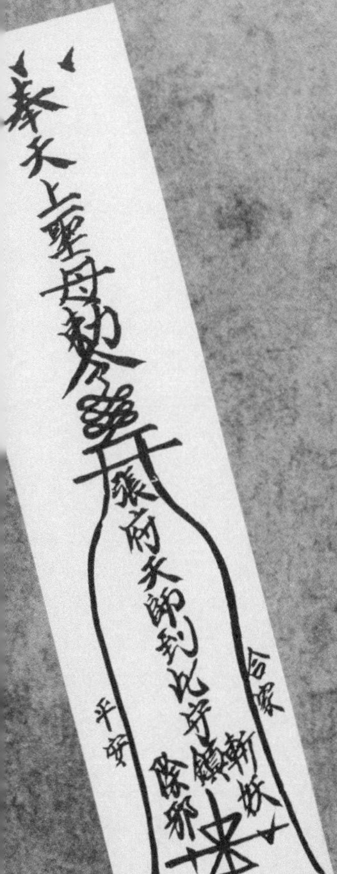

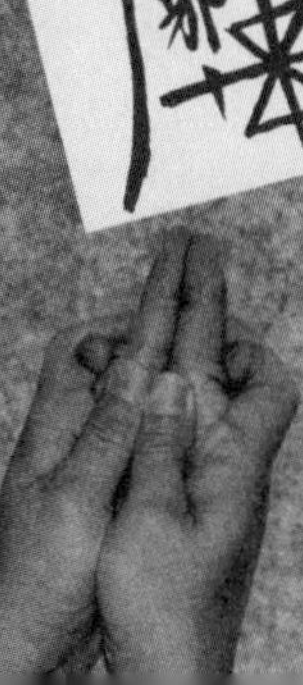

自序

從事五術命理三十餘年，寫過不少書籍，唯獨這本，字字句句、斟酌再斟酌。

蓋道法符籙不僅牽涉無形鬼神，也重視因果功德，它能救人、自然也會害人……常聽老一輩人說，符法本無善惡，但憑用法之人，最怕學法之後，用於私心、謀取私利、害人無形，因此，著手寫稿、費盡心思，內容思量再思量，最終決定，只以能「助人救人」之篇留於此書，廣傳有緣人，希冀對有心習法者，或能有所助益。

本書內容淺顯易懂，最適道法符籙完全不懂、想要進入一窺究竟之門外漢研習，從何謂道法符籙，入門懂符、請神、書符、催咒、打指訣、踏斗步、稟疏文、行道作法……一一用文字、圖案、步驟深入淺出、交替解說傳授，讓初學接觸者，終能成為符法大師。

此外，本書也收錄了一些民間習俗開運化煞方法，以及少數江湖道法習俗，提供學習者參考研究，其中不乏有效之密法，如能加以臨床運用、反覆印證真偽，以不害人之心幫

作者　陳宥名

助有緣人解厄開運，方能不費習法之初心。

所謂「水能載舟、亦能覆舟」，符法也是；雖本書內容盡為「助人救人」之法，但盼習法者能一本初心、助人為先，勿恣意濫用、勿隨處吹噓、不違逆神佛、不亂傷鬼靈、多累積功德、盡可能少因果，如此，才不枉習法之真正目的。

陳宥名壬寅年立春書於紫陽門、九天五術開運中心

符令範本及軟體研發

黃恆堉自序

自從一九九一年開始接觸五術命理，學過各種易學、命理、陽宅風水等課程，至今與命理同好編製出版55本五術命理相關書籍。而關於符令書籍，於此時此刻邀請陳宥名 老師一同出版，因為「道法符令」等……行事科儀及細節跟神佛、鬼魅有所牽連，在沒有實務之情況下不敢隨意編寫，後學也學過道法，但一直未落實於現場服務，因此沒有經驗來編寫書籍與讀者分享。

然而學道法要背很多咒語，亦要學會畫符令，本人記憶力不佳，畫符又不夠工整、嚴謹，因此至今無法發揮所學實務去服務顧客。

在現實生活中，有許多繁雜瑣事（如：運勢、身體、財運、家庭、精神……）用科學之方法並無法解決，反而求助於神佛、道法可得到處理解決，這叫做「民間法門」。

陳老師在法術道法領域，已有三十一年經驗，在這三十一多年中，兩岸三地服務超過上萬個客戶，畫過之符令亦超過百萬張以上，傳授道法學員也超過數百人之多。

今日受出版社邀約，共同出版一本有關於道法符令之書籍，讓有這方面興趣之人，可自學、自用，出版社有交代書籍內容一定要淺顯易懂。

經用心編寫後，本書之內容已符合淺顯易懂之條件原則，施法的步驟是有一定的規律，但人們所碰到的各種問題，需要制化的符令是完全不同，如果要讀者自己畫出一張有效果且標準符令，可能會有一些挑戰。

於是我發揮出我的專長，設計出一套符令軟體，可以協助讀者們輕易列印出本書所有的符令及常用疏文，軟體也收納陳老師畫符標準影片等等。如果讀者想成為道法專家，相信這套符令軟體一定是您很好的輔助工具。

當您觀看完本書時，內容若有不懂之處，即可針對不懂之處洽詢作者，相信作者會樂意與您分享之！

黃恆堉　壬寅年立春　書於台中、吉祥坊易經開運中心
TEL 04-24521393　www.abab.com.tw

目錄

自序……2
紫陽門沿革……20
第一章　符法基本常識……24
1　十大神咒……26
2　道教五供養……31
3　祭拜金紙使用分類……32
4　符法四大要素……33
5　符令介紹……34
6　指訣介紹……40
7　斗步介紹……54
8　符令使用方法……57
9　迎祥庶物使用介紹……60
10　避邪鎮煞庶物使用介紹……62

第二章　符法介紹與操作要領……64

11　書符要領……66
12　收驚、化煞……73
13　淨車、淨宅……87
14　補財、補運……92
15　聚財、催財……95
16　生意場所、家中迎財求財法……99
17　祈福、酬神……102
18　引渡嬰靈……105
19　求文昌功名（求考運順利）……107
20　安太歲法……109
21　安斗法……112
22　三皇符、顯曲星符、麒麟符、鳳凰符安宅法……117
23　制將軍箭法……121
24　觀音送財符……123
25　退煞血符……125

26 補財庫祕法 …… 127
27 陰宅制煞結界法 …… 129
28 法奇門心訣 …… 133

第三章 各式開運化煞物開光 …… 138

29 敕劍、敕黑令旗、敕法繩要訣 …… 140
30 沖天旗 …… 148
31 羅盤（八卦鏡）開光法 …… 150
32 山海鎮（獅咬劍、36枚帝錢、太極乾坤圖……）開光法 …… 154
33 貔貅（麒麟、三腳蟾蜍、龍龜）開光法 …… 157
34 安聚寶盆法 …… 159
35 敕八卦錢法 …… 163
36 泰山石敢當鎮煞法 …… 164

第四章 各種（各地）民俗開運化煞法 …… 166

37 流年十二歲君趨吉避凶法 …… 168

38 本命十二生肖招財法……174
39 下元節消災解厄祈福法……176
40 天赦日求財法……179
41 月下老人求姻緣感情……181
42 冬至祈福求財法……183
43 立夏開財開運法……185
44 尾牙習俗……188
45 汽車佈局大法……189
46 冥婚習俗……192
47 財神生日借財方法……196
48 送神（送神、送太歲、送灶君）習俗……198
49 端午習俗……201
50 辭祖觀念與儀式……204
51 告陰狀習俗……207
52 孤鸞年與孤鸞日……208
53 百日對年祭拜儀式……211

54 對年合爐祭拜提示……213
55 如何才能桃花朵朵開……214
56 鬼擋牆與鬼上車處理方式……216
57 民間習俗求財補運方法……220

第五章 參考習俗……226

58 蠱術與降頭術之謎……228
59 雙姓公媽……233
60 鬼月習俗……234
61 清明節禁忌……240
62 三魂七魄之說……243
63 蔭屍與豆腐屍……245
64 民間道法祭關煞要領……246
65 年節開運祈福一覽……248

第六章 常用疏文範本

第六章 常用疏文範本……250
A 祈祝禱文……252
B 祈求五路財神賜福賜祿疏文……254
C 入宅（厝）祈求賜財賜福平安疏文……257
D 中路財神趙元帥聖誕疏文（家宅用）……259
E 安奉流年太歲星君疏文……261
F 謝太歲疏文（家宅用）……263
G 謝太歲疏文（公司用）……265
H 九天玄女進香謁祖參拜疏文……267
I 皈依九天玄女娘娘宣誓疏文……269
J 安奉禮斗祈福疏文……272
K 拜玉皇上帝疏文……275
L 至尊玉皇上帝萬壽疏文（家宅用）……278
M 消災補運植福疏文……280
N 開業（市）祈求賜財賜福平安疏文……283
O 新春開市（工）祈福文疏……285

P 奉敬歷代祖先安奉疏文……287
Q 超拔有緣無祀亡靈赦罪文疏……289
R 七星補運消災解厄保命延生祈安植福疏文……291
S 八路增福財神疏文……294
T 申報財庫疏文……297
U 奉安蓮位疏文……300
V 普渡疏文（公司用）……302
W 慶讚中元普渡疏文（家宅用）……304
X 消災祈福迴向文……307
Y 祭送陰煞亡魂疏文……310
Z 消災植福保安疏文……313
a 祭送神煞疏文……315
b 繳納壽生錢求福疏文（一）……317
c 繳納壽生錢求福疏文（二）……321

第七章 各種常用符令……324
01 北帝押煞符……326
02 保身符……326
03 沖犯土煞符……327
04 收驚符……327
05 破穢清淨符……328
06 九龍清淨符……328
07 鎮元神光彩符……329
08 白康元帥符……329
09 觀音佛祖安胎符……330
10 求子符……330
11 九天玄女安胎符……331
12 安胎符……331
13 小孩夜啼符……332
14 觀音保胎神符……332
15 退煞血符……333

16 太乙平安符……333
17 五雷斬邪符……334
18 聖母除邪符……334
19 五方押煞符……335
20 安床追煞符……335
21 鎮押邪鬼符……336
22 八卦符……336
23 鎮押凶宅符……337
24 收陰煞符……337
25 鎮宅避邪符……338
26 制妖邪安宅符……338
27 押煞鎮宅符……339
28 鎮宅平安符……339
29 沖天旗符令……340
30 鎮宅靈符……340
31 五雷符（一）……341

32 五雷符（二）……341
33 七罡符……342
34 四大金剛符……342
35 制將軍箭符……343
36 推鬼退符……343
37 五營總符……344
38 黑令旗……344
39 退神符……345
40 開斧神符……345
41 顯曲星符……346
42 三皇符……346
43 鳳凰符……347
44 麒麟符……347
45 五路財神符……348
46 財神符……348
47 福德正神右符令……349

48 生意財利符……349
49 福德正神左符令……350
50 觀音招財符……350
51 觀音送財符……351
52 事業貴人符……351
53 五方貴人符……352
54 開運求職符……352
55 七星開運符……353
56 開市招財符……353
57 招財補庫符……354
58 福德正神買賣符……354
59 補財庫符……355
60 五鬼運財符……355
61 上班小姐求財符……356
62 改性情靈符（一）……356
63 改性情靈符（二）……357

64 改性情靈符（三）……357
65 說服人心符……358
66 制小人符……358
67 文昌符……359
68 求職顯達順利符……359
69 催官符……360
70 功名符……360
71 孔聖先師助考試符……361
72 定心勤讀書符……361
73 定心符……362
74 聽話符……362
75 斷酒符……363
76 戒賭符……363
77 桃花姻緣符（一）……364
78 桃花姻緣符（二）……364
80 桃花姻緣符（三）……365

79 催桃花符……365
81 化骨消腫符……366
82 北斗延壽符……366
83 行車平安符……367
84 開車平安符……367
85 催債符……368
86 防竊盜符……368
87 長壽符……369
88 淨符……369
89 婚姻快成符……370
90 禁酒符……370
91 天賜懷孕符……371
92 女子護身符……371
93 天賜財福符……372
94 男子護身符……372
95 治病符（一）……373

96 治病符（二）…… 373
97 求男丁符…… 374
98 治精神病符…… 374
99 女人犯沖…… 375
100 男人犯沖…… 375
101 洗霉氣符…… 376
102 討債或折服對方配戴…… 376
103 求財靈符（門口化）…… 377
104 女童配戴治一切關煞…… 377
105 男童配戴破一切關煞…… 378
106 貼大門諸邪不侵…… 378
107 小孩夜啼（貼床腳）…… 379
108 出門平安符…… 379
109 房子興旺符…… 380
附註 道法照片集錦…… 381

紫陽門沿革

本書道法符籙，多源自「道教全真派紫陽門」，並參酌其他派門之法融入使用，本人為「紫陽門」在台第三代弟子，道號「玄名子」，有關「紫陽門」由來，簡介如下：

「紫陽門」奉「紫陽道祖」為法主，有關「紫陽道祖」事蹟，最早緣起於宋、元年間張紫陽真人，當時道教概由太上老君一脈傳承，其中一支至宋朝時期分為南派與北派，北派有五祖，分別是少陽帝君王玄甫、正陽帝君漢鍾離、孚佑帝君呂純陽、純佑帝君劉宗成（海蟾）、重陽帝君王德威。

重陽帝君王德威後又融合儒家忠孝仁義之學及禪宗心性之學於一體，創立全真教，下傳馬丹陽、譚長真、劉長生、邱長春、王玉陽、郝太古、孫不二等七真人，開創道教北派一脈，是為北派七真。

至於南派五祖，則包括劉海蟾純佑帝君所傳之張紫陽，以及石杏林、薛道光、陳泥丸、白紫清等五真人，張紫陽開南派一脈，再結合劉永年與彭鶴林二真人，史稱南派七真。

紫陽真人姓張名伯端，字平叔，浙江台州天台縣人。原先修習儒業，後改學玄道，涉獵三教經書，以至刑法、書算、醫卜、天文、地理等，年八十二，感遇海蟾祖師，傳授金丹藥物火候之祕，遂更名用誠，號紫陽，入漢真修練成真，受號悟真紫陽真人，傳法弟子世世代代，號稱「紫陽門」，門人奉為法主、尊稱紫陽道祖。

紫陽門除奉「紫陽道祖」為法主，另奉「九天玄女娘娘」為祖師、「玄天上帝」為恩主。

九天玄女曾為黃帝恩師，黃帝為上古帝王，相傳年輕時正逢蚩尤作亂，大肆猖獗，意欲兼併天下，黃帝感於蒼生受苦，乃與之大戰，蚩尤通曉作戰，以大霧迷昏軍士，黃帝久戰不克。

西王母見之，命弟子九天玄女下凡，賜以六甲六壬兵位之符、靈寶五帝策使鬼神之書、五陰五陽遁玄之術……等等授予黃帝，並為黃帝製夔牛鼓八十面，不久再戰蚩尤於涿鹿，遂大破而滅之，諸侯尊黃帝為聖，促拱登基帝位。

爾後，黃帝拜廣成子於崆峒山，修封禪禮數，在位百年，忽見黃龍來迎，遂乘龍升天，而炎黃是為中華民族的遠祖，且黃帝又是上古時期修道成功升天的第一人，故被尊為道教的始祖，後世更以黃帝大敗蚩尤之年，即公元前二六九七年，為道曆起始之年。

九天玄女曾授黃帝法術，又是遠古女神，乃為我紫陽門尊奉為祖師。

玄天上帝神跡顯赫，屢因斬妖除魔受歷朝各代敕封，紫陽門人習法旨在濟世救人、匡危扶正，門下諸多道法符籙皆恭請帝爺降駕相助，故而尊奉玄天上帝為恩主。

三十八年，兩岸情勢丕變，我紫陽門人隨政府東渡來台，迄今已傳第五代。

本人陳宥名道號「玄名子」、法號「羅名」，師承中國道教「紫陽門」教派，屬「紫陽門」在台第三代「玄」字輩弟子，第四代弟子屬「毓」字輩，目前已傳承至第五代，稱謂「靈」字輩弟子。

第一章

符法基本常識

1 十大神咒

凡習法用法前，須懂得淨身護身，催咒淨身是對神佛表示尊敬，催咒護身則是行道作法時，避免被不乾淨之氣場或陰靈干擾；以下十道咒語，係道教常用之咒，習法之人平時多加催唸，自有意想不到助益。

一、淨天地神咒

天地自然，穢氣分散，洞中玄虛，晃朗太元，八方威神，使吾自然，靈寶符命，普告九天，乾羅答那，洞罡太玄，斬妖縛邪，殺鬼萬千，中山神咒，元始玉文，持誦一遍，卻鬼延年，按行五嶽，八海知聞，魔王束手，侍衛吾軒，凶穢蕩盡，道炁長存，急急如律令，太上老君律令敕。

二、發豪光神咒

本師發豪光，祖師發豪光，七祖仙師發豪光，仙童玉女發豪光，發起豪光炎炎光，發起豪光照分明；一現豪光身來現，二現豪光身來現，三現豪光透升天，神兵火急如律令，急急如律令。

三、金剛（光）神咒

天地玄宗，萬氣本根，廣修萬劫，證吾神通，三界內外，唯道獨尊，體有金光，覆映吾身，視之不見，聽之不聞，包羅天地，養育群生，受持萬遍，身有光明，三界侍衛，五帝司迎，萬神朝禮，役使雷霆，鬼妖喪膽，精怪亡形，內有霹靂，雷神隱名，洞慧交徹，五氣騰騰，金光速現，覆護真人，急急如玉皇大帝律令敕。

四、淨口神咒

丹朱口神，吐穢除氛，舌神正倫，通命養神，羅千齒神，卻邪衛真，喉光虎賁，氣神引津，心神丹元，令吾通真，思神練液，道炁長存，急急如律令。

五、淨心神咒

太上台星，應變無停，驅邪縛魅，保命護身，智慧明淨，心神安寧，三魂永固，魄無喪傾，急急如律令。

六、淨身神咒

靈寶天尊，安慰身形，弟子魂魄，五臟玄冥，青龍白虎，隊仗紛紜，朱雀玄武，侍衛吾身，急急如律令。

七、淨三業神咒

身中諸內境，三萬六千神，動作履行藏，前劫並後業，願吾身自在，常住三寶中，當於劫壞時，吾神常不滅，誦此真文時，身心口業皆清淨，急急如律令。

八、淨壇神咒

太上說法時，金鐘響玉音，百穢藏九地，群魔護騫林，天花散法雨，法鼓震迷沉，諸天賡善哉，金童撫搖琴，願傾八霞光，普照皈依心，早法大法果，翼侍五雲深，急急如律令。

九、安土地神咒

元始安鎮，普告萬靈，嶽瀆真官，土地祇靈，左社右稷，不得妄驚，迴向正道，內外澄清，各安方位，備守壇堂（家庭），太上有命，搜捕邪精，護法神王，保衛誦經，皈依大道，元亨利貞，急急如律令。

十、祝香神咒

道由心學，心假香傳，香熱玉爐，心存帝前，真靈下盼，仙師臨軒，今臣關告，逕達九天，所其所求，咸賜如言。

★以上十大神咒，各有功用，早晚誦之，鬼邪不侵，敕符作法前誦之，靈驗更佳，亦可用來淨宮殿、神壇。

★配合指訣為「雙道指」持香，或「左手道指」、「右手縛鬼訣」。（指訣介紹容後說明）

◎防身要訣：

※學過法術、使用法術的人都要有一項重要認知，亦即法術處理都是透過無形空間調遣無形之氣或靈體，以催法方式達到所求目的，因此稍一不慎，都有可能被無形之氣場、磁場或是靈體反打，而造成施法人受傷甚至危及性命，時至今日，法師遭鬼反弒情形仍層出不窮，而道法術數偏重法事化煞佈局，自然免不了碰上此類情事，

因此，在使用法術處理各種法事之前，施法者應先懂得如何防身自保，以免求測者問題還沒解決，施法者自己先受傷。

2 道教五供養

①香：清淨無為之心態，藉以「通神」。
②花：自然清香的氣味，藉以「迎神」。
③果：四季適時的水果，藉以「敬神」。
④燈：光明明亮的世界，藉以「助神」。
⑤茶：粗淡無味的茶水，藉以「浴神」。

3 祭拜金紙使用分類

天公（玉皇上帝）：太極金、天尺金、大壽金、四方金、福金。

神明：太極金、壽生錢、壽金、四方金、福金。

土地公：壽金、四方金、福金。

犒將：四方金、神馬、甲馬。

地基主：四方金。

公媽：四方金、銀紙、往生錢。

好兄弟：四方金、銀紙、經衣、往生錢、蓮花金、蓮花銀。

清明掃墓：亡人↓四方金、銀紙、往生錢、古錢（壓墓之黃紙）；后土↓四方金、福金（后土需安在胎、養位）；龍神↓壽金、四方金（龍神需安在臨官、帝旺位）。

送神：農曆十二月二十四日，時間要晚（依依不捨之意）。

接神：農曆元月初四日，時間要早（歡喜迎接之意）。

☆除夕至初三（或初五），家中燈火可全開（臥室除外），象徵光明。

☆四方金乃四方四路皆可通用之金錢，故陰陽界都可燒化。

4 符法四大要素

一、符令。

二、咒語。

三、指訣。

四、斗步。

◎符令→肉體。

◎咒語→靈魂。

◎指訣→精。

◎哈氣、跺筆→氣。

◎斗步↓神。

5 符令介紹

一、符文種類：

符分很多種，一般常用為九疊文、合成文、神智文、肖形文。

九疊文

合成文

神智文

肖形文

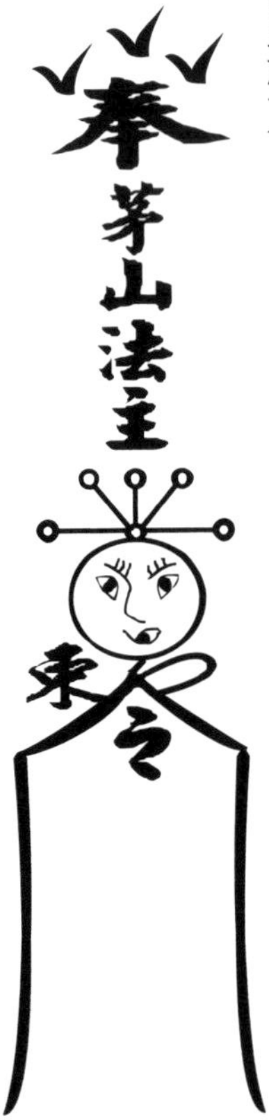

二、符文內容解說：

符寬約1.7吋，長以文公尺有字（利）即可，不拘多長，大張如圖畫之長，則需合文公尺才可。

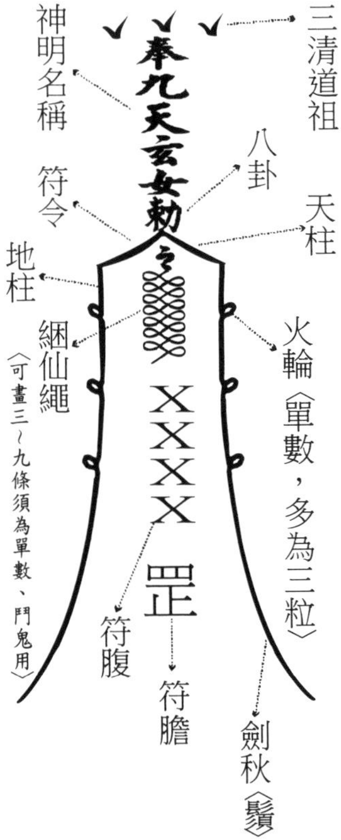

三、符頭介紹：

有三鉤「」，俗稱三清：畫法先哈口真氣，由中間鉤起唸「一筆天下動」、再鉤左邊唸「二筆祖師劍」、後鉤右邊唸「三筆凶神惡煞急走千里外、神兵火急如律令」。

符若無三清者唸「天圓地方、律令九章、吾今下筆、萬鬼伏藏、急急如律令」。

四、符膽介紹：

符膽種類很多，各有千秋，用法不同。

較常用者為：押煞以「罡」為主，一般符以「」為主，畫符膽時需哈真氣，精神灌注催符膽咒。

五、符膽咒：

「罡」字神咒為，「四」開天門，「一」塞鬼路，「止」閉地府、殺鬼卒，神兵火急如律令。即成「罡」。

「」字神咒為，「」左旋天地動、「」右轉日月明、「一」一橫分山河、「丨」一劍安天下、「丿」一點鬼神驚、「✓」一鈎治妖精，神兵火急如律令。即成「」。

六、各式符膽：

基本上，以下這些都屬於文膽，符令上配合此類符膽，大多是用來防守、化解、抵擋之用，不過，因為道法教派眾多，有些教派並沒有把符膽分為文、武膽，而是以符令功能來區分。

以下統稱為武膽，符令上面開此類符膽，一般多是用來攻擊、作戰、鬥爭使用，不過，也需視各教派用法而有所不同。

另外，有些符令為了使用需要，也會同時使用文、武膽，兩個膽可重疊，如下圖，也可分開，先開文膽或武膽在上面，另一個膽再開在下方。

6 指訣介紹

一般而言，指訣在道法使用上，佔有舉足輕重地位，打指訣可用來開符、請神、護身、作戰、鬥法……等等，使用範圍很廣，種類也很多，以下是本門較為常用的指訣：

劍指、雙劍指：

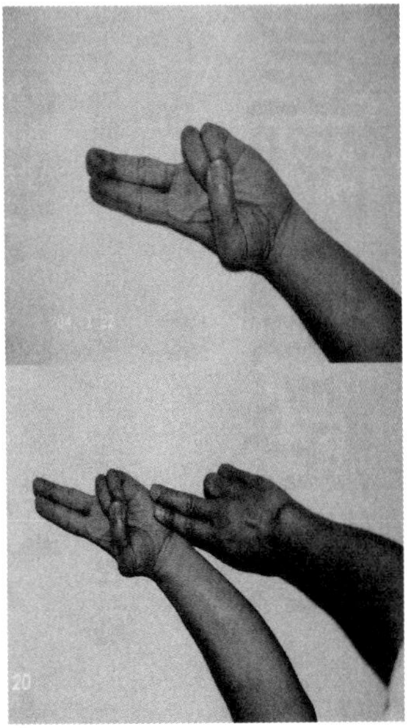

陽八卦指：

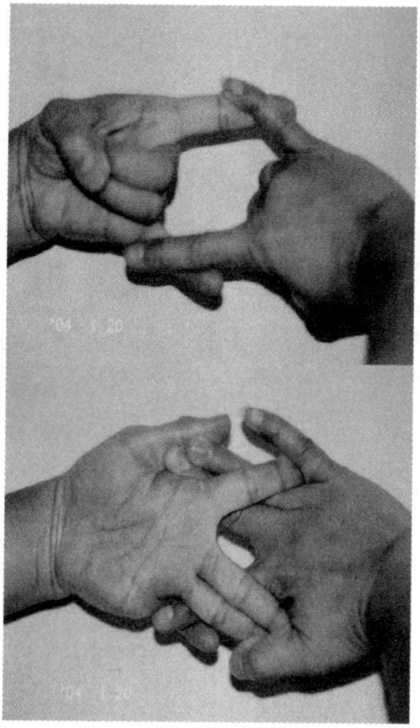

陰八卦指：

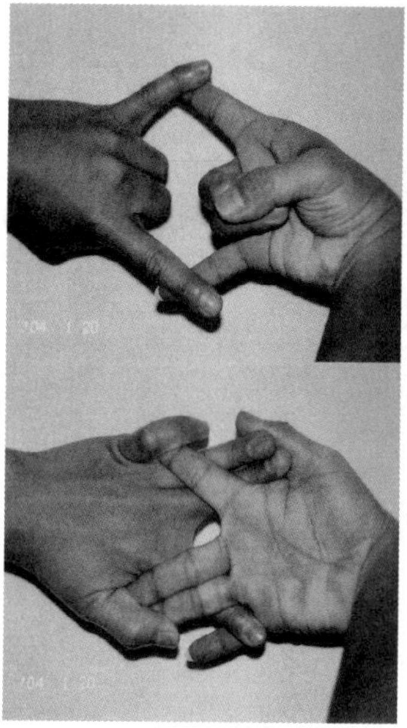

縛鬼指、發兵指：

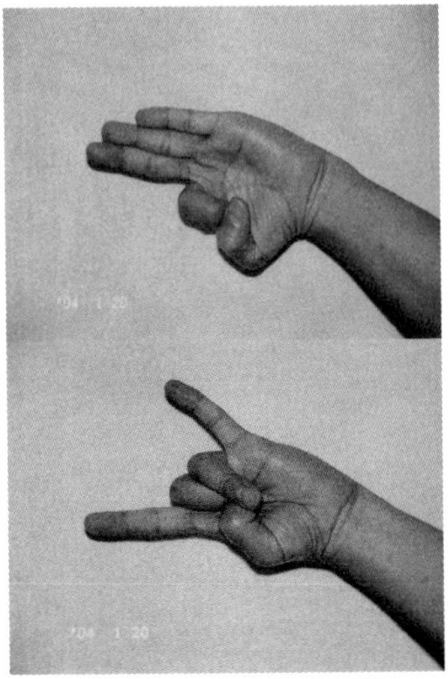

帝爺指、五雷指：

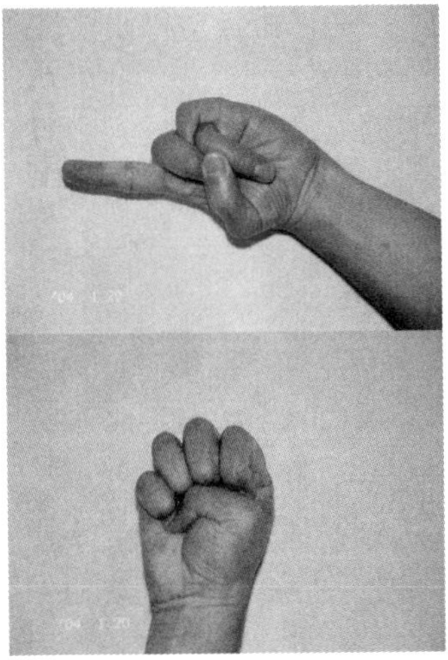

山字訣：

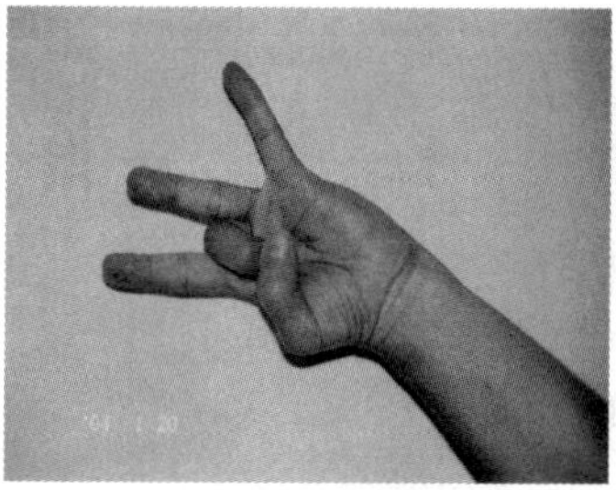

財神指：

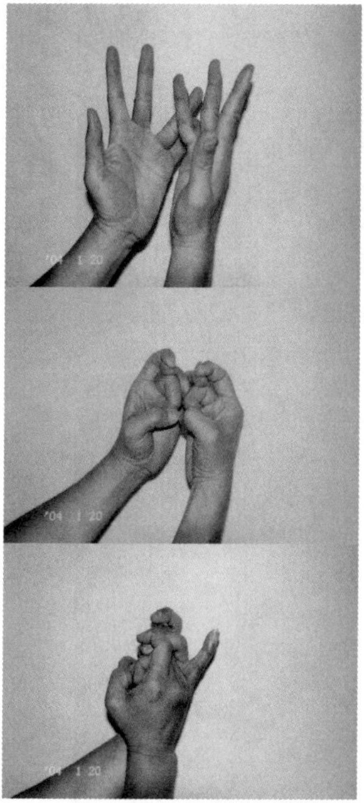

九天玄女指：

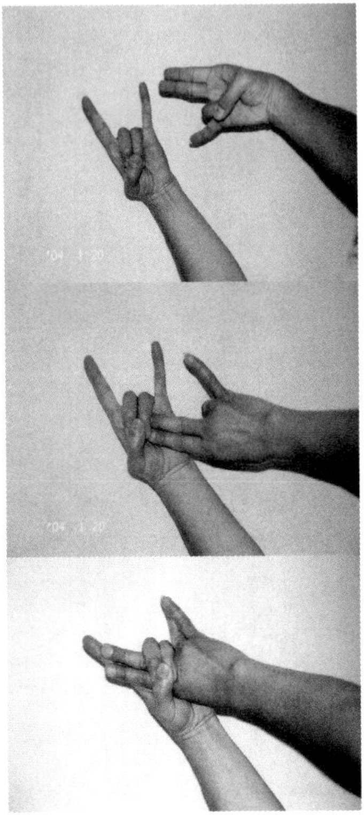

請神指：

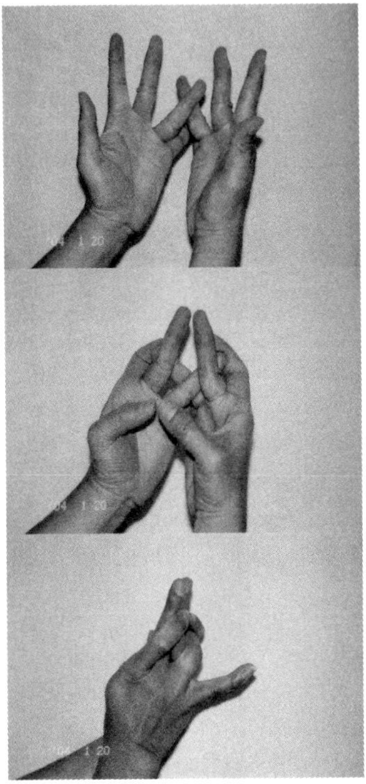

敕符指：

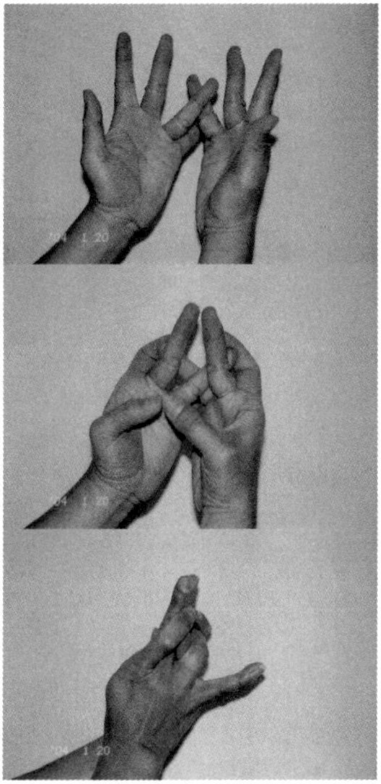

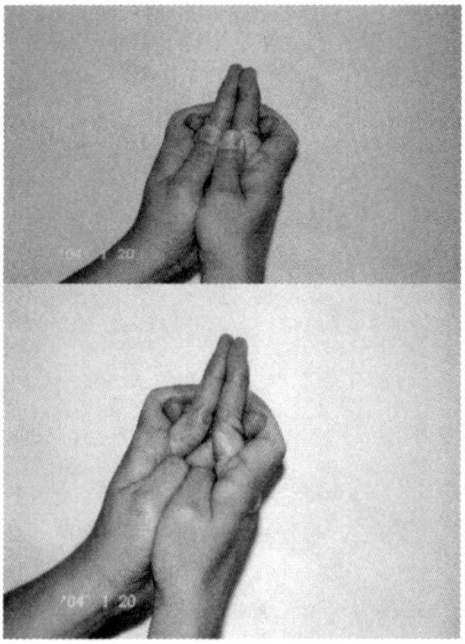

男用和合指：

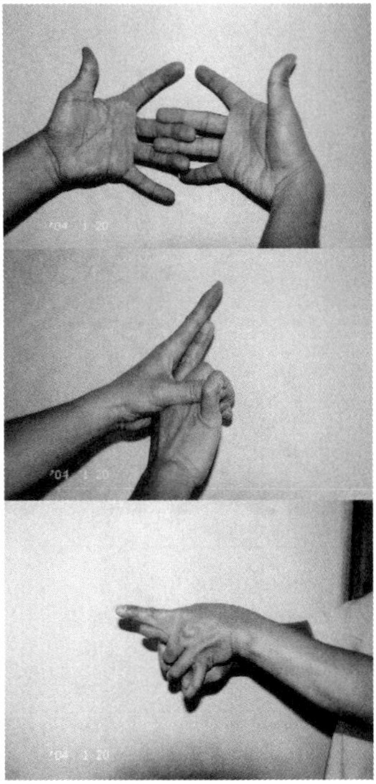

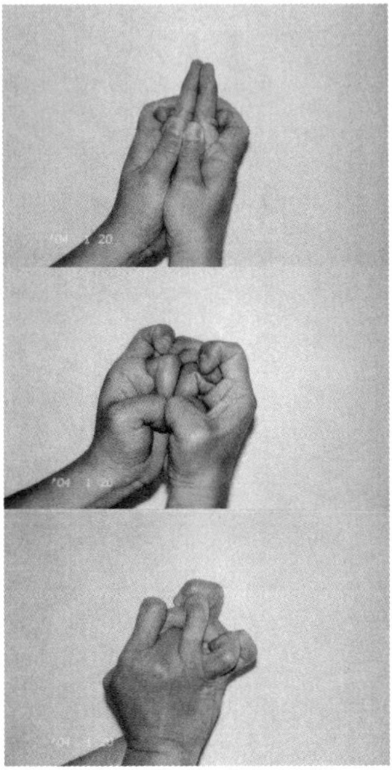

女用和合指：

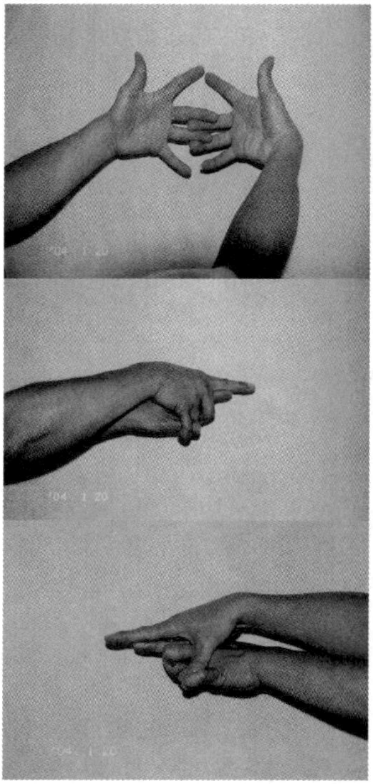

五營指：（中營指）

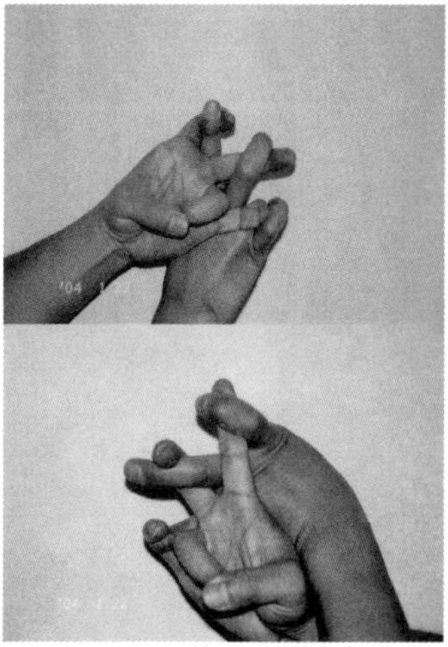

東營指：

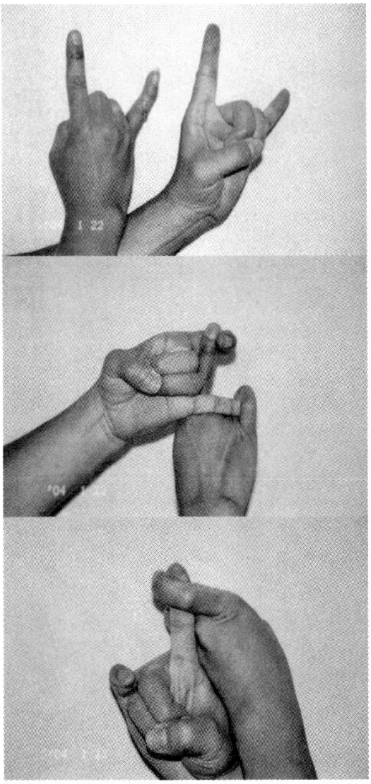

南營指：

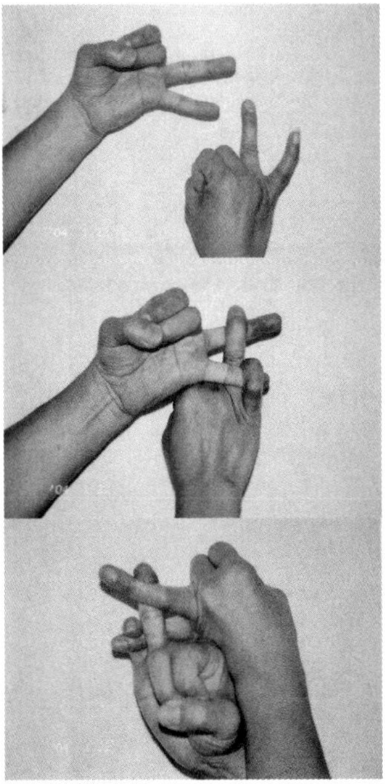

西營指：

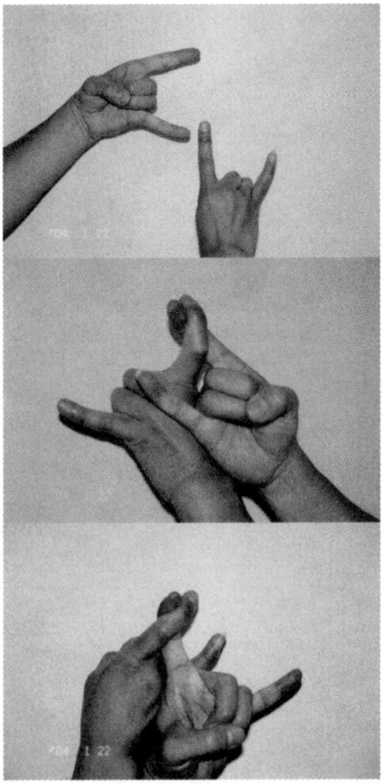

北營指：

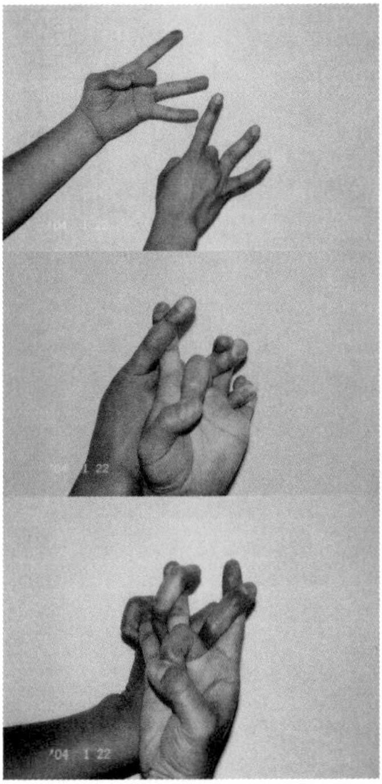

公孫元帥指：

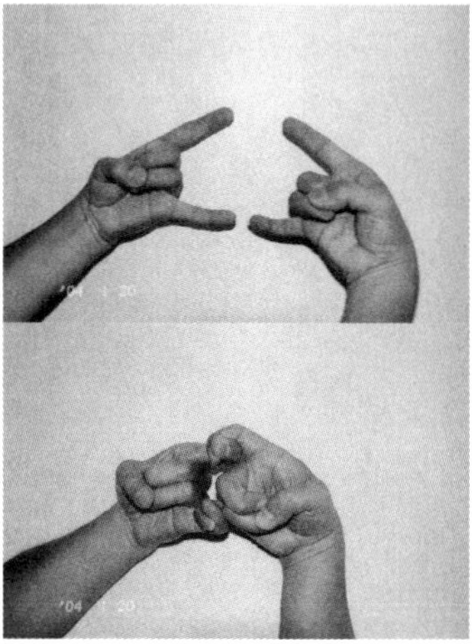

黑虎將軍指：

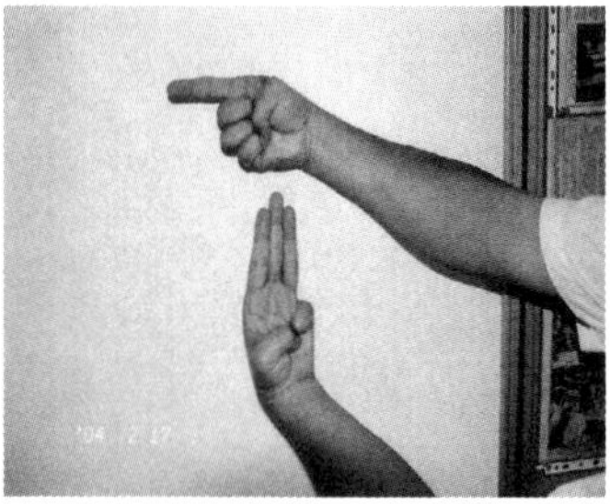

道指：道教之代表指印，施禮、持咒、作法、踏斗時配合其他指法使用。

劍指：敕符、斬邪、護身、鬥法、押煞、祭送、驅邪、拆符、拔香、踏斗使用；

雙劍指可用於佈陣。

縛鬼指：押煞、祭送、敕符、驅邪、踏斗使用。

山字訣：步七星斗配合劍指使用。

敕符指訣：敕符使用。

發兵指：鬥法、帶兵將使用。

請神指：請神、稟告、加持、敕符使用。

三清指：盛鼎、器皿等容器使用。

帝爺指：伏邪、護身、敕符、帶兵將使用。

五雷指：敕符、驅邪、鬥法、押煞使用。

八卦指：分為先天八卦指與後天八卦指，或稱陰陽八卦指，敕符、打邪、護身、佈陣、破陣使用。

和合指：分為男女和合指，和合法敕和合符之用。

五營指：安五營、點將發兵用。

黑虎將軍指：請黑虎將軍用。

★九字真訣指：天、地、玄、妙、形、神、變、通、力（法奇門專用指訣，結界、護持、開運之用，欲學習法奇門，可另行聯繫）。

★九字真訣指：臨、兵、鬥、者、皆、陣、列、在、前（法奇門專用指訣，調兵遣將、佈局、化煞、鬥法之用，欲學習習法奇門，可另行聯繫）。

★九字真訣結界法：

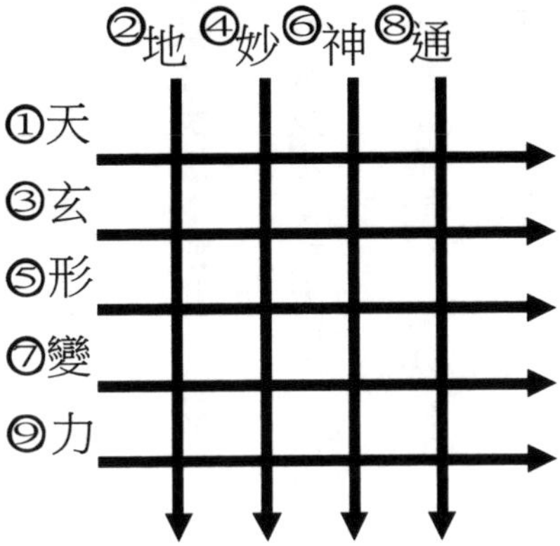

指訣種類繁多，以上為較常使用之指訣。

神轎出巡時，不可施用指訣；不可在神廟佛寺之內亂打指訣；尤忌在神佛面前打指；也不可在乩童作法時打指訣，否則易惹神佛不悅，恐會降災。

以上指訣使用時，需拿到口前「哈」一口真氣；不用時，亦拿回來放在口前「吸」一口氣，然後收回即可。

7 斗步介紹

斗步分為三台斗步法、五星罡斗步法、七星斗步法、交乾斗步法、八卦步、九宮步、卍字步、奇門九星步、九字真訣奇門罡步……等多種，皆須配合指訣與催咒交互使用。

三台斗步法：護身、保命、安魂、定魄、藏魂等法用之。

五星罡斗步法：護身、補運、避邪、吊兵等法之用。

七星斗步法：斬邪、破煞、滅妖、安魂、保命等法之用。

交乾斗步法：拜天地、奏疏文、作神誕、請神等法之用。

八卦步：佈局用。（法奇門專用斗步）

九宮步：解奇門四害、移星換斗化煞用。（法奇門專用斗步）

卍字步：使用卍字符用。（法奇門專用斗步）

奇門九星步：奇門九星求財法用。（法奇門專用斗步）

九字真訣奇門罡步：奇門九字訣佈陣大法用。（法奇門專用斗步）

七星斗步法使用方式：通常用在斬妖除邪、鎮靈符、點安八卦、押送、處理公媽、對年合爐、敕劍、淨宅等用途上。

七星斗步法分為陰斗與陽斗，陽日先出左腳、後點右腳，稱為陽斗；陰日先出右腳、後點左腳，稱為陰斗。

踏斗時，需催七星斗步咒與七星斗法咒，並按道指、縛鬼訣（七星斗步咒）及劍指、山字訣（七星斗法咒）。

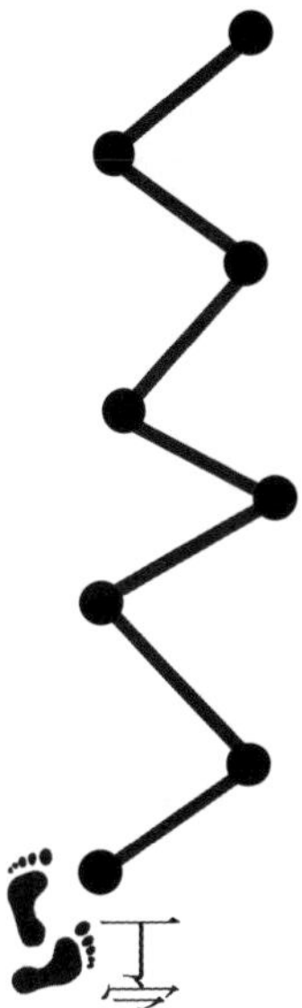

丁字步

七星斗步咒：踏一步催唸一句。

白氣混沌灌吾行、禹步相催合登明、天旋地轉步七星、步罡踏斗齊九靈、亞指伏妖鬼邪驚、眾災消滅吾長生、吾得長生吾長生。

七星斗法咒：

腳踏七星步步生、天上三奇日月星、通天透地鬼神驚、凶神見吾低頭拜、惡煞逢吾走無停、六丁六甲隨吾轉、天兵地將隨吾行、二十八宿護吾身、吾奉九天玄女斬妖精、神兵神將火急如律令！

交乾斗步法使用方式：

踏交乾斗步時，需催清靜咒或淨天地神咒，手持縛鬼訣與道指。

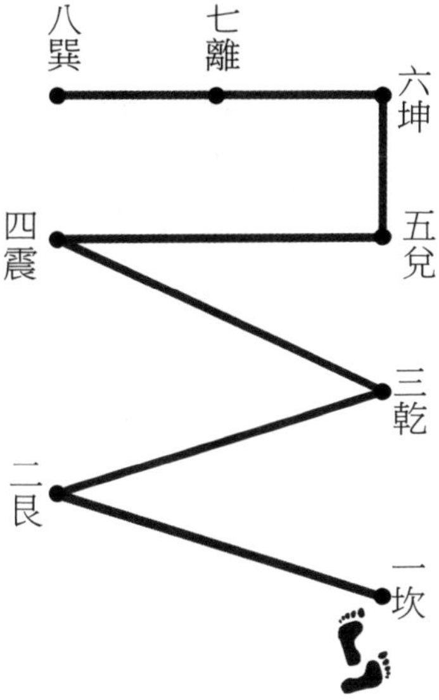

以上兩種，是本門較常使用之斗步，舉凡敬拜天地、奏疏文、做神誕、請神、斬邪、破煞、滅妖、安魂、保命、神佛開光點眼安座、安祖先牌位、祖甕晉塔皆可使用。

8 符令使用方法

符經過催符敕咒之後，得以使用，稱之符令。符令的使用方法，大致可以分為兩種：一為正常使用之符，另一為變通使用之符。

正常使用符令：

鎮宅符：安貼、化燒鎮守之用。

治病符：化食、煎熬之用。

護身符：帶身、燒化之用。

治邪符：安貼、帶身之用。

招財符：安貼、燒化之用。

和合符：化食、帶身、貼房或床之用。

變通使用符令：

鎮宅符：裝框鏡朝拜。

治病符：燒化、帶身或直接畫符於身體患處。

護身符：化食。

驅邪符：化食、化燒。

招財符：帶身或裝框朝拜。

和合符：化燒、橫跨之用。

符法分為正符法與邪符術兩種，一般來說，施展正符法對自己陰德並不損，如果是邪符術作法，無冤無仇去害人，一定會損壽折福，學符者務必切忌。

9 迎祥庶物使用介紹

香火袋：內置各式符令，掛在胸前或放於皮包內，主要功用為保平安。

如意：放在廳堂、桌上或房間內，一般多為玉製，可保運勢順遂、事事平安，但必須先經由老師畫符敕咒才有效。

龜殼（烏龜）：多為玉製，繫在腰間可保長壽、聰明，需經老師催符敕咒才有效。

蟾蜍：多為玉製，繫在腰間可避凶災、急難，需經老師催符敕咒才有效。

福祿壽仙偶：代表吉祥，大多供在廳堂，仙偶底座需貼紅紙，以避免邪靈入侵。

八仙綵：代表祥瑞，多於入新宅時，掛在廳上或大門頂上。

天官鏡台：求福之用，置於廳上，需先經老師催符敕咒方可。

麒麟牌：求貴子、迎祥之用，可安於門頂上或置於屋內各處，需先經老師催符敕咒。

貔貅：制煞安宅之用，可置於屋內任何地方，需先經老師催符敕咒。

財神爺：供、貼於廳堂上，加催財神符咒於上可增效力，主生財。

鹿、馬雕件：代表財祿已至，可帶身，加催求財符咒才有效。

聚寶盆：聚財守財器物，可放於廳堂、辦公桌上，需先催符敕咒。

催財轉水：催財求財器物，可放於廳堂或辦公場所，需先催符敕咒。

開運印鑑：開運求財印信，經專家雕印再開光催符敕咒後，具有開拓運勢、催財求財效果。

家中禁放虎、鷹（尖牙利嘴），易招惹是非，欲放需置於玻璃框中。

10 避邪鎮煞庶物使用介紹

八卦鏡：分為凸面八卦鏡與凹面八卦鏡，凹面用來吸納化解煞氣，凸面則用來反制煞氣，掛在門楣上，兩者皆須先開光催符敕咒才有效力。

山海鎮：掛在門楣上，藉山海之力反制煞氣，仍須經過開光催符敕咒才有效力。

羅盤：可掛在家中任何地方，專為化煞之用，經開光催符敕咒之後，效力強旺，為現今最佳擋煞化煞之器物。

桃木：為古代公認避邪器物，可製成劍、八卦牌、符紙或各式化煞制煞物品，經催符敕咒後，無論鎮宅、帶身，效力頗佳。

金錢劍：掛在廳堂上，經催符敕咒後，具有制煞效果。

獅咬劍：掛在門楣上，經催符敕咒後，具有制煞效果。

鍾馗圖：掛在廳堂上，背面催符敕咒可避邪。

石敢當：豎在橋頭、路上、宅門外可鎮煞氣，唯仍須催符敕咒。

虎牌：可掛在門楣上，經開光催符敕咒後，具有制煞效果。

葫蘆：置於屋頂或家中任何地方，經開光催符敕咒後，具有收妖收煞效果。

七星劍：掛於廳牆上，經開光催符敕咒後，具有鎮煞收妖避邪之用。

虎帽虎鞋：小孩服飾，避邪避凶之用。

鞭炮：祭典、喜慶、制改之用，用以趕走妖邪、嚇阻鬼怪。

家中禁放達摩像，易會不順。

水晶沒有開光較無避邪制煞效用，多具有觀賞或改善磁場作用，家中欲放水晶物品，以圓形水晶為主，尖形水晶或不規則水晶放家中何方位，人身何處生東西或易有刀關（以氣弱之人、年運或置放方位沖犯生肖之人論之）。

第二章

符法介紹與操作要領

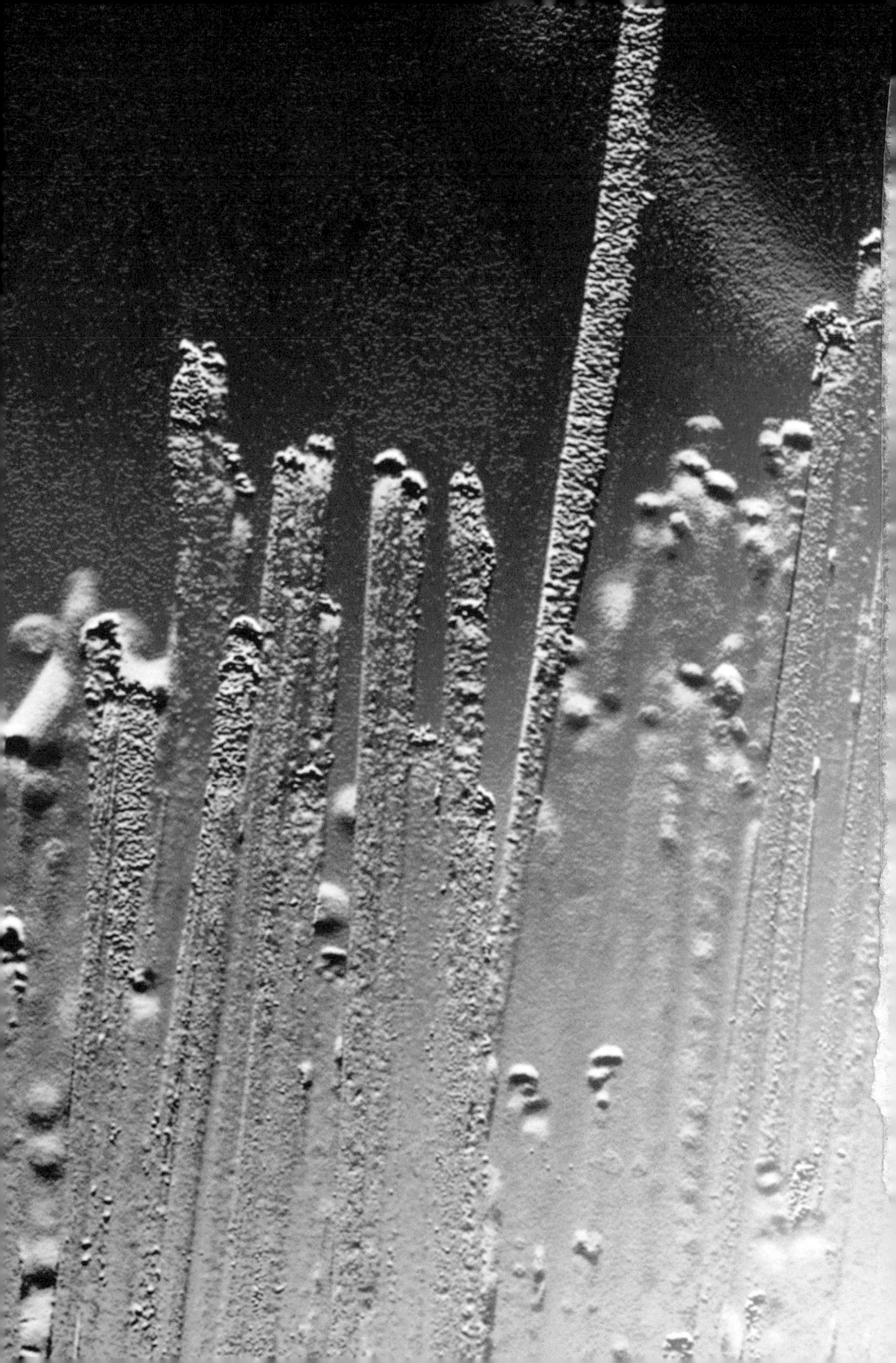

11 書符要領

●一般符咒的寫法是以毛筆寫於古紙上，而用紙又分青(綠)、紅、黃、白、黑等色紙，視用途及符別而異，大多以黃色為主。另有高段符術，以特殊材料如花、葉子、石頭、扇子……等不同方式寫符，視不同的用途、地點需要與符之特性，和法師的適當取捨而定。也有如治病符、退煞符等少數符，可直接寫於病人身體上，或以指印(訣)憑空畫符，以及以香寫無形符等等，端賴因應施術或施術者之需要，此法即江湖慣稱的葉仔路符法。

●一般而言，治病符、鎮宅符、避邪符、保身符、押煞符，多以黃紙硃砂紅字寫符，硃砂可袪邪、袪陰，硃砂加白醋可治飛蛇。祭煞、鬥法可用黃紙黑字。

●寫法方面↓黃、白色符紙，多以紅、黑色寫符，而黑紙寫白字，白紙則寫黑字；也有視特殊用途，而以黑紙黑字或白紙白字寫符。

●書符正確時間應在子時、次為亥時，這段時間是天地靈氣匯聚、陰陽互換、人神交感共鳴活動最靈感的時候，畫符、施法靈驗特高。但平常時間也可隨時隨地畫符敕符，只是靈驗度有別而已。

●酒後、色後、生氣、心煩、身體不乾淨、飯後一小時內，不可畫符。酒後無法定心、色後洩氣、生氣心煩乃氣亂、身體不乾淨對神不敬、飯後一小時內氣不足。

●損人不利己、損人利己、騙財、騙色之符不畫，若動符動法者，小心損壽損福、禍延子孫。

●畫符之前最好先淨身、漱口，最少也要洗手，筆、紙、硯、墨等一切工具準備好之後，可先靜坐約十分鐘，待心情沉澱不亂想，才開始下一個動作。

●點香請神，稟告畫符緣由。

●開始畫符前，需先敕筆、敕水、敕墨、敕符紙，墨水無論硃砂、黑墨或白色，皆須加入米酒，較有袪邪、制煞、保身……等力道。

●提筆畫符一定要專心、心無旁騖，並且一氣呵成，不可停頓。

●畫符時，可用道指壓紙，並哈一口真氣於紙上，然後畫三清、催三清咒；符頭若沒有三清，則催符頭咒。

●畫到「令」的時候，要先哈真氣。

●畫到符膽的時候，要先哈真氣，並催符膽咒。

●用筆頭蓋符，依農曆每月分上、中、下旬蓋符，上旬畫符，蓋符由上中下，分別蓋在符頭、令、符膽處；中旬畫符，蓋符由中下上，分別蓋在令、符膽、符頭處；下旬畫符，蓋符由下上中，分別蓋在符膽、符頭、令處。

●符寫好之後，需蓋指訣於符膽上（本門蓋劍指與縛鬼訣），再於令處蓋法師的心（元靈）印，有開宮、廟的，可加蓋宮或廟印，以及神尊之法印，最後並打神尊之指印。

●符書完之後要催符敕咒，本門皆以左手劍指夾符、右手劍指催符為主，催符前先於右手劍指上哈真氣，然後敕咒，符催完之後，再把右手劍指靠近嘴邊，吸一口氣收回。

另外，右手也可以夾三炷香催咒敕符。

●符令完成後，仍須拿到神明爐之前繞香三圈，然後才算完成書符動作。

●符完成後，再謝神送神。

☆請神法有很多種，端看個人需要而異；送神則大多較簡單，有時只點香稟告書符完成，然後送神，隆重一點的，則會化燒金紙謝神，並催咒送神、淨壇。

※正規請神法：

壇的擺設需整齊清潔，並備三牲、酒禮、鮮花、水果、燈燭、淨香、金紙等等，法師也需淨身著乾淨衣服，面容嚴肅，然後催淨心、淨口、淨身神咒，同時焚香向外雙腳下跪，唸請神咒請神，唸完將香插於門外，接著回到壇前，再把請神事由稟明一次，才開始畫符。

簡化法：

將祭品省略，只備金紙焚香請神，亦不催請神咒，直接以口語化請神，或光以指訣請神。

●符畫錯、欲清除，先在符紙上畫「〇」，內寫「十」字，點「・」四點，再寫「除」字即可。例如：

●家中有舊符欲撕下，先向符上的神駕或兵將敬拜，並稟明事由，接著請祂們各歸天庭或本位，之後，以七張壽金點火催淨天地神咒喊「敕退」，最後再用劍指夾符撕下，丟入金桶化掉；若

符黏得太緊，亦需先稟明事由並送走神尊、兵將後，再用手撕符。

●任何符欲貼時，不可以貼死，要讓符有飄飄然或迎風飄浮的感覺，如此才有效力。

◎敕筆咒：居收五雷神將、電灼光華、一則納身保命、再者斬妖縛邪、一切死活滅、道吾長生、急急如律令。

◎敕水咒：此水非凡水、北方壬癸水、一點在硯中、雲雨須臾至、病者吞之、百病消除、邪鬼吞之粉碎、急急如律令。

◎敕硯咒：玉帝有敕神硯四方、金木水火土、雷風雷電、神墨輕磨、霹靂電光華、急急如律令。

◎敕紙咒：北帝敕吾紙、畫符打邪鬼、敢有不服者、押赴酆都城、急急如律令。

◎敕符以催本門（敕符總咒）為主：

九天玄女真仙聖，通天透地鬼神驚，天魔若見低頭拜，地煞聞知走無停，天清清、地靈靈，六丁六甲聽吾號令，金童玉女守領天兵，何神不服、何鬼不驚，欽吾敕令、破掃不祥，斬斷妖精、時到奉行，吾奉九天玄女敕令，神兵神將火急如律令，急急如律令！

※另外，欲貼的符令想要增加其力道並延長時效，可在符貼完後，以雙劍指對著符加催（催符神咒），咒催完再打敕符指在符令上；如果符令是要燒化在化解的位置，或是燒化在佈局的方位，則是以雙劍指加催（鎮符神咒）於符令上，接著化燒符令，最後再對著符令化燒的地方，打敕符指。

◎催符神咒：

符令符令，頭戴三清，龍庫甲馬，鎮天天清，鎮地地靈，鎮人人長生，鎮鬼鬼滅形，陽看一張紙，陰看似千軍，邪鬼看是百萬兵，百萬兵馬驅陰邪，吾奉九天玄女親敕令，神兵火急如律令，急急如律令，神兵火急如律令，急急如律令，

神兵火急如律令，急急如律令，敕！

◎鎮符神咒：

符令符令，頭戴三清，鎮天天清，鎮地地靈，鎮人人長生，鎮鬼鬼滅形，吾奉九天玄女敕，神兵火急如律令，敕！

12 收驚、化煞

收驚：

「人」原有三魂七魄。無論成人或小孩，一生中多多少少都會因某些原因或某事，而被驚嚇到，甚至嚴重者還會中煞，此為精神上的損失，即失魂落魄，其顯現在額頭與眼尾上，便會有很明顯的青筋出現，或是中煞後的帶黑現象。

這時候，無論去看醫生還是服藥，大多找不出病因也治不好，不只精神虛脫，每天中午過後（陰時漸長）還可能會發燒，最明顯的症狀，便是晚上睡不著覺，或睡眠不穩定、常做夢。要是小孩子，更因此容易哭鬧、無法照顧。這時候如果能夠借用符法、咒語來穩定其精神，然後就醫吃藥，便能達到復原的目的；而所謂的收驚押煞法，即是在此狀況之下產生出來的。

一般而言，人受到驚嚇或卡到陰，都必須收驚，收驚的方法有很多種，包括香收、筆收（敕符筆）、指收（指訣）、米收、金紙收……等多種，但只要夠專精，使用一、二種便夠用，本門以金紙收為主，米收為副，若患者能到壇來，會以金紙來收，若患者本人無法來，則以衣物米盤收之；本門法者若在外面未帶工具金紙，也會使用指收。

至於中煞，比較麻煩，除了需先做收驚儀式外，還必須押煞；中煞的種類繁多，比較常見的有「麻喪煞」、「喜煞」、「破土煞」、「動土煞」、「飛煞」、「空棺煞」、「胎氣煞」……等等，現一一介紹如下：

麻喪煞：看到出殯隊伍、看到喪事場面或看到亡者照片稱之。

喜煞：有時日辰是喪事、喜事皆可進行，人氣弱時參加喜事，或參加完喪事後又趕場參加喜事，都可能沖犯到喜。

破土煞：沖犯到喪事破土稱之。

動土煞：看到人家動土、路過動土之地，或住家附近有人動土，而被沖犯到稱之。

飛煞：嬰兒最容易碰到，無論在外面或家中都可能犯到，亦即大人看到不祥之物、到過不乾淨地方，或參加過喪事，之後抱起小孩，將不潔（祥）之氣傳給小孩稱之。或參加過喪事，之後抱起小孩，將不潔（祥）之氣傳給小孩稱之。

空棺煞：突然看到喪家尚未存放亡者遺體之棺木，而受到驚嚇稱之。

胎氣煞：孕婦懷孕期間動了胎氣（家中移動東西、釘物品、住家附近有人動土……）稱之。

金紙收驚：

用一張壽金以硃砂筆寫上患者資料↓右邊寫患者地址，中間寫患者的姓名、年齡、性別，最左邊寫「某某某收驚押煞罡」或寫「收驚符令」。

收驚符令格式：（參照後面各式符令章節）

法者點六炷香，由法者和犯者各執三炷，然後面向神壇，由法者向祖師、恩主、法主（或家中所安之神尊）稟明事由，再請收驚三師三童子、收驚三師三童郎到壇來，助吾小法（法者自稱）為XXX收驚押煞萬應萬靈。（患者需準備敬神金紙）

畫北帝押煞符：此符剛硬，可用於送葬、遇喪、探病、隨身攜帶，也可貼於門、廳、病床下，或視同清淨符化水飲及淨身，保命護身兼制煞，效用眾多，但有月事來臨之婦女不可淨身，可改為擦身。

押煞符令格式：（參照後面各式符令章節）

畫保身符：（參照後面各式符令章節）

催敕符總咒：北帝押煞符與保身符必須經過催咒敕符後，效力才會增強，本門敕符總咒為「九天玄女敕符神咒」，內容如下：「九天玄女真仙聖，通天透地鬼神驚，天魔若見低頭拜，地煞聞知走無停，天清清，地靈靈，六丁六甲聽吾符令，金童玉女守領天兵，何神不服，何鬼不驚，欽吾敕令，破掃不祥，斬斷妖精，時到奉行，吾奉九天玄女敕令，神兵神將火急如律令，急急如律令，敕！」

北帝押煞符因主神為玄天上帝，故催敕符總咒時，將九天玄女部分改為玄天上帝；至於保身符主神為九天玄女，故催咒內容不變。

將北帝押煞符化入陰陽水中，加入茉草或芙蓉，再以劍指畫空符（騰空畫無形清淨符）於水上，此即為「淨水」。

清淨符格式：（參照後面各式符令章節）因此處係畫無形符，故不必催敇符總咒，有關清淨符催敇符總咒方式，容後另敘。

拿六張壽金，並將已經寫好患者資料之另一張壽金，夾在六張壽金中間，然後左手道指，右手劍指夾金紙點火，向神尊行禮稟告，「請祖師、法主、恩主、收驚三師三童子、收驚三師三童郎、合壇官將來為ＸＸＸ收驚押煞，庇佑ＸＸＸ四季無災、百無禁忌」（或只行禮即可）。接著轉身向站在壇前的患者，做收驚押煞儀式。

雙手在患者頭上方搖動，並催「淨天地神咒、發豪光神咒、金剛神咒、收驚咒」。然後以金紙對著患者前面點三下、後面點七下，喊「ＸＸＸ三魂七魄速速歸本身」。

收驚咒：本師來收驚、收驚三師三童子、收驚三師三童郎，不收別人魂、不收別人魄，要收ＸＸＸ三魂七魄歸本身來護顧本命，吾奉太上老君敇，神兵神將火急如律令，有驚收驚、有煞押煞、四季無災、百無禁忌，敇。

以上動作為簡單收驚法。較嚴重的患者可加淨身動作，方法如下：

左手以道指拿起淨水（俗稱陰陽押煞水），法者喝入少許含在口中，直接噴向患者玄關，並以右手劍指指著患者玄關，言「一切凶神惡煞急走千里外」；再喝入少許淨水，往患者背後噴出，亦以劍指指著背後言「一切凶神惡煞急走千里外」，之後，以劍指在患者背後寫「罡」，並催符膽咒、以腳踹地，再將淨水交給患者喝三口，如此，即已完成淨身動作。

現因用淨水噴身，恐有些患者會以為骯髒無法接受，故本門已改用更有效的淨身方式，做法如下：法者左手用道指捧起淨水，右手以道指沾水，然後對著患者前面催「清靜咒」前段（同時，將淨水點向患者），接著同樣對患者背後催「清靜咒」前段，每催一句，皆需用腳踹地一次、用淨水點向患者一次；之後再將淨水交給患者喝三口，如此，就算完成淨身動作。

清靜咒：一打天門開、二打雷霹靂、三打人長生、四打凶神惡煞急走千里外，神兵火急如律令。（此為前段）一送凶神惡煞出大廳、二送凶神惡煞出大埕、三送凶神惡煞路上走、四送凶神惡煞過外庄、千年萬載不回頭，吾奉太上老君敕，神兵火急如律令，敕退。（此為後段，可做為淨宅、淨宮壇之用）

假使患者係中煞、中邪或被下符（較輕微者），可另外在患者身上點安八卦防身，方法如下：

另用七張壽金點火，左手道指、右手以劍指夾金紙，在患者身上加催一條「八卦掃煞神咒」安身。

八卦掃煞神咒（此為極剛強之神咒，可防身、制煞）：奉請太上老君，純陽一氣，妙道天尊，聞人下界，鬼服神欽，避邪除穢，劍斬妖精，葫蘆發火，燒盡邪精，收妖滅煞，霹靂雷聲，雷電風雨閃閃，雷公能通，鬼服邪滅，乾、坎、艮、震、巽、離、坤、兌招百福，乾統天兵、坤斬妖精、震雷通天地、離火燒邪魔、兌澤陰陽兵、驅邪押煞不留停、巽風吹掃鬼、飛沙走石追邪兵、艮山展威能、入地府、封鬼路、穿鬼心、破鬼肚、封鎖凶神惡煞八卦宮中藏、坎納千祥、凶穢邪氣化無蹤，乾元亨利貞，八卦能推天地將，任吾招請地府神，值日值時兵，值時值日將，三山五湖聽吾咒，五湖四海各分明，三才招搖日月星，天庭日初五雷將，地府邪魔走無停，天下城隍並境主，捕斬五方不正神，魑魅魍魎往送他方，萬邪歸正，惡煞伏藏，順吾者生，逆吾者亡，吾奉太上老君敕，咒到萬邪盡滅形，神兵神將火急如律令，急急如律令。

謝壇：收驚完畢，拿起金紙（太極金、天金、尺金、壽金、四方金……），向神明稟「法事已畢，此金銀財帛敬奉，請領收，並恭送收驚三師三童子，收驚三師三童郎回到宮府，有宮歸宮，有府歸府，無宮無府歸天庭，本宮壇祖師XXX，法主XXX，恩主XXX，合壇官將留守壇中，叩禮」。然後化掉金紙。

淨壇：催淨天地神咒、發豪光神咒、金剛神咒、淨壇神咒、祝香神咒，將壇內清淨；此五條咒語可一次催，或擇一、二條催即可。

以上為完整的收驚押煞法，若患者中煞、中邪或被下符（較輕微者），可隨身再帶一張保身符保身，或者再依中煞原因，另畫一張符給患者安身或帶回去淨身、化食：

麻喪煞、空官煞：可用清淨符加茉草，化入陰陽水中淨身。清淨符催敕符總咒時，需加唸「奉九鳳真人敕令」。

喜煞：可用清淨符加一張鎮元神光彩符化水淨身，或帶一張「鎮元神光彩符」安身，以增加元氣。

鎮元神光彩符（可帶身、化洗、喝）：（參照後面各式符令章節）

動土煞、破土煞：可用沖犯土煞符或押煞符帶身、化食、化水淨身或安貼家中，若安貼需安在動土方向。

飛煞：可用清淨符或北帝押煞符化水淨身、化食；然後再帶一張小孩夜啼符或保身符安身。

小孩夜啼符：（參照後面各式符令章節）

胎氣煞：可用安胎符帶身或化食。

安胎符：（參照後面各式符令章節）

以上各種化煞、押煞方式，若以化洗、化食方法淨身，對於較嚴重之患者，除於陰陽水中加入各種符令、茉草或芙蓉外，可再加入壇中香爐之香灰（抓七把）、香腳（折七節），以增強淨水效力；甚至可再放入少許鹽巴與七粒完整的米，增大制煞效果。

米盤收驚：

一、簡易米盤收驚法：

米三盤，排成品字形，一盤靠壇內，另兩盤靠壇外，上方放壽金一百，再放患者衣物，然後以一張壽金寫上患者姓名、住址、生辰八字和收驚符（格式與金紙收之壽金寫法同），並放於衣物最上面。

患者家屬準備敬神金紙一份，由法者點三炷香，向祖師、法主、恩主、收驚三師三童子、收驚三師三童郎稟明事由，然後將香插入壽金中（米盤上之一百壽金），待香即將焚畢時，以聖筊卜杯請示神明，若允杯，表示患者三魂七魄已經收回，若反之，則表示患者之收驚過程未成，法者需再點三炷香，重新再收一次，直到獲得聖杯為止。

將衣物收起，用劍指哈氣在衣服領子下方寫「罡」（催符膽咒），並腳踹地，之後，再請法（聖）印蓋之。

收驚完畢，謝壇化金紙，方式與金紙收同。

淨壇，方式與金紙收同。

二、一般米盤收驚法：

米一盤，上放患者衣物，準備七張壽金，其中一張書寫患者資料與收驚符（格式與金紙收相同），然後夾在六張壽金中間。

患者家屬準備敬神金紙一份，由法者點三炷香，向祖師、法主、恩主、收驚三師三童子、收驚三師三童郎稟明事由（內容同金紙收），然後將三炷香插入香爐。

畫北帝壓煞符（方法同金紙收）。

畫保身符（方法同金紙收）。

北帝押煞府、保身符催敕符總咒。

將北帝押煞符化入陰陽水中成為淨水（方式與材料同金紙收）。

將備好之七張壽金（含患者資料之壽金）點火，依金紙收之方式及內容，先向神尊行禮稟告，之後，對著米盤上之患者衣物，催「淨天地神咒、發豪光神咒、金剛神咒、收驚咒」，接著，拿起患者衣物，同樣前面點三下、後面點七下，並唸「ＸＸＸ三魂七魄速速歸本身」。

將衣物收起，用劍指在衣服領子下方寫「罡」（方法同簡易米盤收），再蓋法（聖）印。

以普庵指訣哈氣，打在衣領蓋法印處。

收驚完畢，謝壇化金紙。

淨壇。

若患者中煞、中邪嚴重，可用淨水催「清淨咒」再淨一下衣物；甚至，再對患者衣物催「八卦掃煞神咒」護身（方式同金紙收）；催這兩條咒語，需在蓋法印之前催。

特殊之因果病、特殊邪術或被下重符者，本門另有多種完整的處理法術，內容較深，不在此處論述。

13 淨車、淨宅

淨車：

一、金紙淨：

淨車前先打開車上所有門，包含引擎蓋與後車廂。

準備一百壽金，摺好放在車子前方地上，另摺七張壽金（淨車用）。

點燃七張壽金，左手道指、右手劍指夾金紙，催「淨天地神咒、發豪光神咒、金剛神咒」（視車子長度、大小），每催完一條咒，腳皆須踹地一次。

催咒時，金紙順著車子由上往下、由前往後淨車。方法如下：

淨車頭、引擎室（關引擎蓋）、車頂、駕駛座（關左前門）、前客座（關右前門）、左後座（關左後門）、右後座（關右後門）、後車廂（關後車廂門）、左前輪、右前輪、左後輪、右後輪。

將七張未燃完之壽金，引燃車前方地上之一百壽金，然後發動車子引擎，開車通過引燃之一百壽金（整部車子需全部駛過金紙，謂之過火）。

二、淨水淨：

畫一張「北帝押煞符」或「清淨符」。

符令催敕符總咒。

符令化入陰陽水中，加入茉草或芙蓉。

左手以道指捧淨水，右手以道指沾淨水，點向車子各處淨車。

淨車方式同金紙淨，即先打開所有車門，然後順著車子由上往下、由前往後淨車。

其餘淨水往車子底盤潑，如此，就算完成淨車動作。

淨宅：

一、**艾草、茉草、芙蓉淨：**

將家中所有房門打開，包括內外大門。

將準備好之曬乾的艾草、茉草或芙蓉（擇一即可），放入鐵製的容器中，用火點燃。

雙手捧著燃燒的艾草等，順著房子從樓上淨到樓下，從屋內淨到屋外。

每淨完一個房間，馬上將房門關閉，一直淨到最外面的大門為止。

此法為簡單的淨宅法，不催咒。

二、**淨水淨：**

畫一張「北帝押煞符」或「清淨符」。

催敕符總咒。

將符化入陰陽水中，加入茉草或芙蓉。

左手道指捧淨水，並用右手道指沾淨水點屋子各處。

淨屋方式，也是需先將屋子內各個房門打開，然後順著房子由樓上淨到樓下，由房內淨到房外。

淨屋時，需催「清淨咒前段」，每催一句需用腳踹地一次。

每淨完一個房間，立刻將房門關上。

淨到內大門時，改催「清淨咒後段」，唸「一送凶神惡煞出大廳」時，法者站在內大門門檻處（一般稱之客廳位），以道指沾淨水打向外面，同時腳踹地；唸「二送凶神惡煞出大埕」時，法者走到外大門處（沒有外大門者，便走到外面的公設地或樓梯間），同樣將淨水打向外面；唸「三送凶神惡煞路上走」時，法者走到屋外馬路邊

（若是大廈的屋子，法者仍然站在公設地或樓梯間），將淨水打向外面；唸「四送凶神惡煞過外庒，千年外載不回頭」時，法者走到馬路過中線（大廈的屋子，法者仍然站在公設地或樓梯間），將淨水打向對街，然後將所有淨水往外潑在地上，萬一對街（房子對面）正好有別人的房子，法者打淨水時，切勿將淨水直接打向別人的房子，可將淨水往外打向地上，以免造成他人的抗議。

佛廳欲改成房間、睡過的房間欲改成佛廳、新娘房，或是屋子、房間曾經有人過往在裡面，想要淨屋（房）時，可用以上之淨水方式淨屋（房），淨房間只需催清淨咒前段，淨整間屋（房）子，則需加催清淨咒後段，將冤魂陰煞徹底送走。

淨宅時，孕婦宜閃避，否則被淨水催咒打到，恐有流產之虞。

凶宅、鬼屋處理方式，另有「鎮宅大法」處理，過程較為繁雜。

14 補財、補運

補財為補「財運」或其他與「財」有關之運程為主；補運以補「身體健康」、「家運」或其他與「本身」有切身關係的運勢為主。

準備用品：鮮花一對、三牲酒禮一份、敬果兩份（內、外主神各一）、燭兩對（內、外主神各一）、淨香粉少許（可不用），外主神金紙含壽金三千、四方金十二只、福金十二只、本命錢一只、甲馬一只、補運錢三十六只、財神寶衣十二至三十六張（補運者免），另備一份內壇主神金紙，大金桶一個。

內壇主神敬拜方式：

1. 敬果、蠟燭、金紙呈上。
2. 法者上香稟告主神（可用疏文來奏，疏文（請洽詢原作者））：「**今日良時吉日，**

天地開張，信士XXX、地址、生辰八字、年齡、運途不順（或財運不佳、身體欠安⋯）欲補（財）運，誠心誠意敬備水果金銀財寶來敬奉，奉請諸神佛飲食領收作主，賜予信士XXX運通財足（身體健康⋯⋯）、心想事成，並庇佑信士XXX闔家平安，四季無災，事業發展，財源廣進⋯⋯，弟子XXX（法者）百拜上申」。

3. 香插爐中。

4. 法者左手劍指持七張壽金點火，右手拿黑令旗（或只拿壽金點火）。

5. 在信士身上催「淨天地神咒」、「發豪光神咒」、「金剛神咒」；催完咒壽金和黑令旗需從信士頭上略過。

外壇香案敬拜方式：

1. 敬果、三牲酒禮呈上，鮮花、蠟燭、金紙排上，淨香點燃、金桶放於屋外。

2.法者上香稟告（可用疏文來奏）（疏文（請洽詢原作者））：「奉請本壇恩主玄天上帝帝爺公，今有信男（女）、生辰八字、現庚、居住於XXX，因運途不順、財庫已空、身體欠安、疾病纏身…（視個人所求稟告），今日良時吉日，敬備三牲酒禮、鮮花、敬果、金銀財寶來敬奉，補起XXX信士（女）的運勢（財庫、身體健康……），拜請本壇恩主玄天上帝帝爺公、地方福德正神來領受，領受之後就庇佑、庇佑XXX信士（女）家中，男添百幅、女納千祥、四時無災、八節有慶、壽山永翠、福海添波、雲集倍利、所求如意、如願、大降吉祥，弟子XXX（法者本人）敬拜上申」。

3.香插爐中。

4.香過半炷、酒過三巡，卜杯請示神意，若允杯、則內壇金紙燒化於神明金爐中、外壇金紙化燒於備妥之金桶內，若無杯，再點三炷香拜拜插爐中，直到允杯為止。

5.化燒金紙時，請信士（女）到金紙邊，心想金銀財寶滿山、運勢順遂、身體平安、萬事如意（視個人所求存想），然後深深吸三口氣（意味將所求全吸進來）。

6.法者催「淨天地神咒」、「發豪光神咒」、「金剛神咒」、「淨壇神咒」、「祝香神咒」淨壇。

15 聚財、催財

聚財乃「守財節流」之意，防止不必要之錢財花費、或額外損財等等，催財則是「求財開源」之意，對外開闢財源順利，或得到意外之財，等等。

☆聚財法：

⊙法者準備案桌，奉上五果、鮮花、蠟燭、金銀財寶，點三炷香恭請財神爺降臨，並稟告事由。

⊙香插香爐中。

⊙在家中選定一個財位（依陽宅方式堪選），或是辦公桌上亦可。

⊙依財位寬廣，準備一個大小適中的聚寶盆（盆口愈小愈好，可守財），內可置放些許五色水晶石（或水晶球），代表五行，也可多放清朝五帝錢或現今流通之貨幣。

⊙以七張壽金點火，催「淨天地神咒」清淨財位與聚寶盆內外。

⊙以符紙畫一張「財神符」，恭請財神爺降來敕符，並催「財神符咒」。

＊財神符格式：（參照後面各式符令章節）

＊財神符咒：

財神真仙聖，五路招財，八方進寶真本領，天清清、地靈靈，財兵財將聽吾號令，招財進寶顯現本領，財符一動，財滿山、銀滿海，財銀滿山海，日日時時大進財，大船載入來，吾奉財神親敕令，財兵財將速速運行，急急如律令，敕！

⊙水晶球、貨幣與五帝錢亦需畫財神符令。（未放水晶球、貨幣或五帝錢者免畫）

⊙將符令摺好放入聚寶盆中，並將聚寶盆歸定位。

⊙聚寶盆內隨時可丟入錢幣（意味進財），但不可經常用手伸入盆內攪動。

⊙謝壇化金紙恭送財神爺。

☆催財法：

⊙法者準備案桌，供上鮮花、蠟燭、五果、金銀財寶，點三炷香恭請財神爺降臨，並稟告事由。

⊙香插香爐中。

⊙在家中選定一個催財方位（依陽宅方式堪選），若家中闢有假山假水，流動的假水也可施以催財法。

⊙依催財位寬廣，準備一個大小適中的催財轉水，放入一些清水使之流動。

⊙以七張壽金點火，催「淨天地神咒」清淨催財位與催財轉水四周。

⊙提起硃砂筆，恭請財神爺降來鑑證，然後在催財轉水的竹子出水口上畫「財神符」，若是水晶球轉水，則畫在水晶球上（假山假水畫在出水口上方）。

⊙將催財轉水歸定位。

⊙催財轉水可以任意移動，並隨時換水或養殖魚類水草。

⊙謝壇化金紙恭送財神爺。

*財神符亦可貼於錢櫃、收銀機、金庫、櫃檯，或與金錢出入有關的地方。

16 生意場所、家中迎財求財法

◎準備鮮花、蠟燭、五果、金銀財寶，供於生意場所之神案上，或是家中神桌上。

◎點三炷香，恭請天官星君、利市仙官（星君）、福德正神（本地土地公）降臨，並稟告事由。

◎香插香爐中。

◎畫一張「生意財利符」，並催「生意財利符咒」。

@生意財利符格式：（（請洽詢原作者））

@生意財利符咒：

利市星君真仙聖，五路招財，八方進寶真本領，天清清、地靈靈，財兵財將聽吾號令，招財進寶顯現本領，財符一動，財滿山、銀滿海，財銀滿山海，日日時時大進財，大船載入來，吾奉利市星君親敕令，財兵財將速速運行，急急如律令，敕！

◎畫一張「福德正神左符令」，並催「福德正神左符令神咒」。

@福德正神左符令格式：（（請洽詢原作者））

@福德正神左符令神咒：

天官星君真仙聖，五路招財，八方進寶真本領，天清清、地靈靈，財兵財將聽吾號令，招財進寶顯現本領，財符一動，財滿山、銀滿海，財銀滿山海，日日時時大進財，大船載入來，吾奉天官星君親敕令，財兵財將速速運行，利市仙官速速運財，急急如律令，敕！

◎畫一張「福德正神右符令」，並催「福德正神右符令神咒」。

@福德正神右符令格式：（（請洽詢原作者））

@福德正神右符令神咒：

福德正神真仙聖，五路招財，八方進寶真本領，天清清、地靈靈，財兵財將聽吾號令，招財進寶顯現本領，財符一動，財滿山、銀滿海，財銀滿山海，日日時時大進財，大船載入來，吾奉福德正神親敕令，財兵財將速速運行，急急如律令，敕！

●生意場所或家中若安奉「土地公」，將「生意財利符」貼於土地公後面牆上（或神界圖上），「福德正神左符令」貼於土地公左邊牆面，「福德正神右符令」貼於土地公右邊牆面。

●若生意場所或家中安奉其他神祇，則三張符令皆「浮貼」於神位大（龍）邊牆面；三張符令順序同前。

＊此三張符令亦可貼於其他安奉神尊的地方，例如工廠、市場、神壇、辦公場所……，貼法如前。若以上生意場所、辦公場所、神壇、工廠、家中……尚未安奉神尊，需先貼此三張符令之後，再進行安香儀式。

◎謝壇化金紙，恭送天官星君、利市星君、福德正神。

17 祈福、酬神

●民間酬神祈福方法很多，沒有一定的標準，所謂「心誠則靈」，最重要的訣竅，在於有求於神的時候，務必「心身專一」、「心無旁鶩」、「誠心誠意」祈求，有下願時，也必須記得去還願；至於隆重（正規）的酬神祈福，還包括「請神儀式」、「步罡踏斗」、「稟奏疏文」、「謝神儀式」等等，規矩繁複，本篇所要介紹的，便是較為正規的酬神祈福方式，且以民間甚為重視的「迎財神」做為講解。

●迎財祈福隨時可求，也沒有固定的日子，不過，仍須以通書日腳記載之「酬神吉日」，配合主人生肖為主，當然，若能配合主人八字擇日更加；目前，較為重要的迎財祈福日子，是農曆的「大年初五」，這個日子，是民間所謂的一年年頭最重要的「開張、開市」吉日，多數民眾都會選擇這一天來迎財神、求財利。

※迎財祈福方式：

◎信者準備發糕、鮮花、蠟燭、素果（最好有香蕉↓招、梨子↓來、鳳梨↓旺、橘子↓吉、頻果↓福，意味「招來旺、招來吉、招來福」）、香茗（因未準備三牲，故以茶代酒）、金銀財寶（太極金、天金尺金、壽生、財神寶衣、發財金、財神金、壽金、四方金、福金）。

◎有安神尊者，敬神用品供奉於家中神案上（或生意場所神桌上），未奉神尊者，則將供桌擺設於大門口（不可頂天）。

◎信者手持六炷香走到門外（不可頂天），男跪左腳、右腳抬起平跪，女相反。

◎三拜呼請↓『恭請ㄨㄨ年五路財神入宅賜財利，弟子XXX，X年X月X日X時生，居住於XXX，誠心誠意奉請財神入宅』。（或稟「請五路財神神咒」）

◎入內向神案上位處（一般皆在龍邊）拜拜，呼言：「恭請五路財神上座，享受香煙禮果賜財福」。家中如有供奉財神，則朝財神神尊拜拜，並改呼：「恭請五路財神上座，享受香煙禮果賜財福，請五路財神爺速速降臨！」

○家中或生意場所未安神位者，省略此段。

◎將香插於香爐中。

◎腳踏「交乾斗步」，稟迎財神疏文。

◎香過半，化金銀財寶，請五路財神來領收。

◎化完金紙，家中或生意場所未安財神者，拜送財神；有安財神者，請財神繼續坐鎮家中或生意場所，保佑事業順遂、財源廣進。

◎家中或生意場所有安神位者，催「淨天地神咒」、「發豪光神咒」、「金剛神咒」、「淨壇神咒」、「安土地神咒」、「祝香神咒」。

18 引渡嬰靈

●嬰靈只須「引渡」一次即可，千萬不可年年「超渡」，甚至設立牌位奉祀。

1. 備蠟燭兩對、鮮花兩對、水果兩份、三牲、酒禮、糖果餅乾少許、敬神金紙一份、犒將金紙一份、嬰靈金一份、嬰靈紙製用品一份、嬰靈神主牌一副，封條一張。

2. 書寫「引渡嬰靈疏文」一份。（（請洽詢原作者））

●疏文、嬰靈金、神主牌、封條都必須寫上雙親名字，嬰靈名字則以「林某某、張某某……」等字代替。

3. 神壇備蠟燭、鮮花、水果、敬神金紙；於大門口處（不可頂天）設犒軍案桌，備蠟燭、鮮花、水果、三牲、酒禮、犒軍金紙；大門外（需頂天）設引渡嬰靈案桌，備嬰靈金、紙製嬰靈用品、糖果餅乾、嬰靈神主牌（嬰靈用品與嬰靈金須用封條封住，以免化燒時，被其他孤魂野鬼奪走）。

4. 法者與雙親各點三炷香，於神壇前拜請祖師九天玄女、恩主玄天上帝、眾神尊降臨，稟明事由後，香插香爐，接著，由法者帶領雙親稟「疏文」。

5. 「疏文」稟完，放於敬神金紙中，法者與雙親再各點三炷香，走到門口犒軍案桌前，拜請恩主玄天上帝做主，派請天兵天將、神兵神將降臨，引領嬰靈XXX到西方重歸輪迴、出世積善人家……，稟完後，香插桌前備好的金紙上。

6. 雙親各點三炷香，走到屋外嬰靈案桌前，對外三拜嬰靈，稟明自己身分、與嬰靈之關係、於X年X月X日良辰吉日，請神明、兵將幫忙，欲引渡無緣子女XXX到西方重歸輪迴、出世積善人家……云云，稟完後，香插在神主牌下。

7. 神壇香過半，由法者將金紙與疏文一起化掉、謝神；犒軍桌香過半，酒過三巡，由法者化金紙、謝兵將。

8. 嬰靈桌香過半，由雙親任何一人，擲筊問嬰靈是否已準備好隨兵將到西方，若允杯，則由雙親拆開封條，連同嬰靈金、嬰靈用品、神主牌一併化掉。

9.金紙化完，雙親回到壇內，由法者催「淨天地神咒」、「發豪光神咒」、「金剛神咒」淨身，與嬰靈徹底隔絕。

10.儀式完成，送神、淨神壇。

19 求文昌功名（求考運順利）

●此符用者極多，舉凡一般學校考試、各種聯考、國家考試、升等考試……等等，皆適用之。

●欲用此符，選在考試前三個月帶身最好。

●帶身後，擇一吉日，將此符攜往「孔廟」或奉有「孔子」神像之廟宇過香爐，可倍增效果。

☆備蠟燭、鮮花、水果、金銀財寶。

☆設案，上供品，法者點三炷香拜請祖師、至聖先師降臨，稟告事由後，香插香爐。

☆畫「功名符」，催「敕符總咒」，內文加上「至聖先師敕令」，蓋祖師法印、打祖師指訣。

☆符畫完，過完香爐後交由信者帶身，法者謝壇、送神、化金紙。

●功名符格式：（參照後面各式符令章節）

20 安太歲法

一、安太歲時，每年正月初一至十五，不必選日子即能安（但欲安之人需避開沖煞日）；其他時間，則必須選定清吉日來安太歲。

二、每年七月十九日為太歲聖誕日，需用水果、清茶、金紙祭拜太歲。

三、每年十二月二十四日送神日需謝太歲，點三炷香、水果、金紙、清茶拜拜，香插入爐後，馬上化金紙，同時將太歲符撕下化燒，然後再將香腳抽下丟進金桶化之，並將太歲爐收起。

四、安太歲需準備太歲符一張、小香爐一個、金紙（太極金、天金、尺金、壽金、太歲金……）、水果、紅湯圓。

五、以七張壽金點火催「淨天地神咒」清淨太歲符、香爐，然後，將太歲符安貼於神位大邊，爐（貼紅紙）請上，並排上敬品、金紙。

六、點三炷香呼請當年太歲星君到此鎮（需呼太歲名諱），並稟明事由。

七、以同樣之三炷香、左手捻道指，沿著太歲符催「請太歲敕符咒」，催完後，香插香爐。

八、以硃砂筆、左手捻道指，對著太歲符催「信士（女）姓名點入咒」，並將欲安太歲之人姓名、八字隨咒文重疊寫入符膽內；若安很多人，則每一人之姓名、八字都需重疊寫入符膽，且每寫一人，都需催「信士（女）姓名點入咒」一次。

九、將安太歲之人姓名，寫入太歲符旁邊之「弟子ＸＸ奉拜」欄內；假使很多人安，則寫「弟子（眾信士、女）奉拜」。

十、謝太歲、化金紙。

★安太歲時，信士或信女有到場者，需在輪到他（她）安時，隨著法者催唸「信士（女）姓名點入咒」，手持三炷香敬拜太歲，安完後，將三炷香插香爐。

★每月初一、十五，皆須準備金紙、水果敬拜太歲。

★每次敬拜太歲，都要準備太歲金。

★請太歲敕符咒：

奉請三星照符令，天上日月來拱應，南辰北斗推五行，老君顯靈敕真令，八卦祖師其中行，玉旨奉令太歲XX年，值年XX星君到此鎮安寧，七星五雷護兩邊，六甲神將到壇前，六丁天兵守後營，天官賜福神共降，招財進寶聚當前，弟子一心專拜請，拜請太歲星君保安寧，鎮宅光明人尊敬，闔家平安萬事興，當令天子值年太歲星君保命護身，鎮宅太歲星君降來臨，神兵火急如律令，急急如律令，敕。

★信士（女）姓名點入咒：

天上三奇日月星，地下三奇水火風，人中三奇精氣神，人得長生光明在，點天天清，點地地靈，點人人長生，一筆精氣通靈光，二筆炁降發光芒，三筆神在掃邪魔，弟子一心專拜請，拜請太歲星君推五行，信士（女）XXX、民國X年X月X日X時鎮符中，保命護身退災殃，太歲星君敕寄藏，神兵神將火急如律令，敕。

★太歲符格式：（（請洽詢原作者））

21 安斗法

⊙安斗起源於北斗七星，在古時候，北斗七星象徵七種重要功能，能保人身之各種福慧，包括身體、運勢、事業、財利、功名、學業、智慧……等等，沿用迄今，許多廟宇神壇便常以安斗功用，依客戶需要，替客戶安置各式禮斗，現今最常見的斗為平安斗、智慧斗、文昌斗、事業財利斗、全家運勢斗……等多種，安置方法大同小異，今一一介紹如下：

⊙**北斗七星包括：天樞、天璇、天璣、天權、玉衡、開陽、遙光。**一至四星連成平底開口向上的斗魁，五至七星微折直連成斗柄，整體合起來，就像是一個長柄的大斗。

⊙**天樞：**天區、「斗」，古時候盛量米穀的斗器，四方形，代表四季，現改以圓形替代，代表圓滿。

⊙**天璇：**天規、「剪刀」，象徵剪形的二腳規，可畫無數的同心圓，比喻行為規矩，不超越約束，各守本分。

⊙**天璣：**天矩、「尺」，古時度量的標尺，由分寸刻度組成，代表做人循規蹈矩，守分寸，求中庸中和之意。

⊙**天權：**天劍、「劍」，劍身鋒利不可觸握，只露出劍柄，象徵權柄，代表賞罰分明。

⊙**玉衡**：天秤、「秤子」，公平的量器，應講求信用，公正公平待人，且要心智平衡，客觀理智，謹言慎行。

⊙**開陽**：天鑑、「鏡」，原始名稱為鑑，其功用在於整肅儀容，顯示尊嚴，為人應心地光明。

⊙**遙光**：天燈、「燈」，去除黑暗，引導進入正途，不可為非作歹，或代表長壽之燈，永遠明亮。

⊙**準備用品**：米斗一個（內裝八分白米）、斗籤一支（上書斗符）、梁傘一把、小劍一把、剪刀一把、秤子一支、竹尺一支、圓鏡一面、蠟燭一根（需按正確排列）、水果、金紙。

⊙家中有奉主神者，不以主神顧斗（鎮斗），需在主神龍邊另奉一尊神顧斗（任何神尊皆可，一般多為斗姥或稱斗母），並另安一香爐，若主神龍邊已經奉有太歲者，則以太歲顧斗即可。

⊙將斗、水果、金紙供上神桌，法者以七張金紙點火，催「淨天地神咒」淨斗，安斗之信士（女）另催咒收驚、祭改淨身（人未到場、淨衣服）。

⊙法者與有到場、欲安斗之信士（女）各持三炷香，稟告斗姥（斗母）或太歲安斗之緣由。

⊙法者以相同之三炷香，對著斗籤催「敕斗符神咒」，信士（女）持香站在法者背後。

⊙咒催完，法者與信士（女）將香插爐中（斗姥爐或太歲爐），香過半，謝壇化金紙。

⊙文昌斗、財利斗、事業斗、平安斗、智慧斗、功名斗……之安法相同，只是催「敕斗符神咒」時，內容需稍加更改。

⊙可一人安一斗，也可全家安一斗，端視顧客需要，或安何種斗而定。

⊙每年安斗最佳時機，農曆正月初九或正月十五（安一年斗以這兩日最好），其餘日子也可，需擇酬神祈福紅課，且需避開沖煞欲安之人生辰八字；農曆十二月二十四日謝斗。

⊙安斗可視需要，分為七天、十二天、四十九天、一年不等，每斗一爐或眾斗一爐（以斗姥或太歲爐充當），早晚奉香，燭火需永保明亮（現今為保安全，也可用燈泡替代）。

⊙安斗時間已滿，必須備水果、金紙叩謝神恩，斗收起，斗籤化在金桶中，其餘梁傘、秤、剪刀、劍、尺、鏡，需用金紙催「淨天地神咒」後，收下來以後再次使用。

★斗籤符令書寫方式：（紅紙書黑字，長一點二八尺，寬二點七吋）。（請洽詢原作者）

★敕斗符神咒：奉請三清照符令，天上日月來拱應，南辰北斗推五行，祖師顯靈敕真令，九天兵將符中行，保命護身鎮安寧，天官賜福福當前，水官改厄厄遁形，南辰永助人長生，北斗添上福祿全，信士（女）XXX、生辰八字、生庚、地址，本命元辰光彩在，四季八節無禁忌，弟子一心專拜請，拜請祖師來敕令，神兵神將保安寧，急急如律令，急急如律令，急急如律令，敕！

22 三皇符、顯曲星符、麒麟符、鳳凰符安宅法

☆三皇符使用方式：

●三皇符可用於入宅安香日課，舉凡通書日腳記載之入宅安香紅課中，書有「制」者，表示入宅安香當天，需用三皇符制解。

●若入宅安香不選紅課，而依主事者生辰八字選日，則所選之日很可能會遇到「白虎」、「朱雀」到位，亦需使用三皇符制解。

●入宅日課，可用三皇符安貼於大門龍邊制解。

●安香日課，可用三皇符安貼於神位龍邊制解，然後再安香。

●三皇符可於入宅安香三天後撕下，隨壽金化之即可。

●**三皇符咒：**以「九天玄女敕符總咒」催符，內文改為「三皇神君」。

●**三皇符格式：**（請洽詢原作者）

☆顯曲星符使用方式：

●顯曲星符亦可用於入宅安香日課，凡通書日腳記載之入宅安香紅課中，書有「顯」或「曲」字者，表示入宅安香當天，需用顯曲星符制解。

●結婚日課中，值翁姑月、周堂定局逢翁姑日（即通書日腳合婚日無顯曲星時），可使用顯曲星符請來顯曲二星君做調停，讓翁姑與新人和好。

●嫁娶當日或一般入宅日，顯曲星符可貼於屋內大廳處（一般皆貼於龍邊）。

●安香日，顯曲星符需貼於神位龍邊，然後再安香。

●顯曲星符可於入宅安香三天後，或於嫁娶一週內撕下，隨壽金化之。

●**顯曲星符咒：**以「九天玄女敕符總咒」催符，內文改為「顯曲星君」。

●**顯曲星符格式：**（請洽詢原作者）

☆麒麟符、鳳凰符使用方式：

●麒麟符與鳳凰符亦可用於入宅安香日課，凡通書日腳記載之入宅安香日課中，逢白虎或朱雀來擾，需以麒麟符或鳳凰符制化。

●結婚日課逢白虎到位，也可以使用麒麟符化之。

●入宅日課貼麒麟符宜貼大門龍邊，若貼鳳凰符則貼大門虎邊。

●安香日課逢白虎，可於神位龍邊下方貼麒麟符；若逢朱雀，則於神位虎邊下方貼鳳凰符（然後再安香）。

●嫁娶日依周堂定局之白虎值何位，麒麟符即貼何位制之。

●麒麟符與鳳凰符可於入宅安香三天後，或於嫁娶一週內撕下，隨壽金化之。

●麒麟符或鳳凰符咒：以「九天玄女敕符總咒」催符，內文改為「紫微星君」或「紫微大帝」。

●麒麟符格式：（請洽詢原作者）

●鳳凰符格式：（請洽詢原作者）

☆求三皇符需設案，備鮮花、蠟燭、水果、金銀財寶：

並以三炷香請三皇神君降臨；求顯曲星符需請顯曲星君；求麒麟符、鳳凰符需請紫微星君或紫微大帝；符求完，亦需謝壇送神化金紙。

23 制將軍箭法

◎小孩未上大運前，若身犯將軍箭，可能會在一、三、五、七歲發箭，有時傷父母、兄弟、姊妹，有時還會傷及本身，故宜斬箭祭改，否則恐有災禍臨身。

◎小孩關煞犯有將軍箭者，十歲前禁入將軍廟、王爺廟。

◎斬將軍箭須設案，備蠟燭、鮮花、水果、金銀財寶、小孩衣物一件、七星劍、一枝向東之桃枝（一般桃枝亦可）、紅絲線。

◎將桃枝做成弓箭形，紅絲線做成縛弓。

◎奉上供品，弓排上（拱形向外），置七星劍、小孩衣物。

◎法者點三炷香，恭請神聖祖師、造劍使者降臨，並稟明緣由，然後三炷香插香爐。

◎法者催「淨天地神咒」、「發豪光神咒」、「金剛神咒」、「清淨咒」、「八卦掃煞神咒」等，為小孩衣物收驚。

◎法者右手持七星劍、左手道指，面向神案，腳踏七星斗步，催「七星斗步咒」、「七星斗法咒」、「斬箭神咒」。

◎催完咒，法者持七星劍往弓箭斬下（務必斬斷弓）。

◎法者另畫一張「將軍箭符」，催「九天玄女敕符總咒」，內文改為「神聖祖師」、「造劍使者」。

◎「將軍箭符」交給小孩帶身，小孩衣物則讓小孩穿。

◎謝壇送神、化金紙，斷弓一起化掉。

★**斬箭神咒↓**此箭非凡箭，乃穿天鑽地之弓箭，不射小孩身、不射小孩體，不射ＸＸ、生辰八字、生庚、住址之身軀，要射射大山、要傷傷大海，吾奉造劍使者親敕令，手執七星寶劍斷弓箭，斬斷斷、切離離，ＸＸ平安無代誌，吃百二、好腰飼，「斬」，神兵火急律令。

★**將軍箭符格式：**（請洽詢原作者）

24 觀音送財符

★此符可招來正財、偏財，配合八字行運使用，會有不錯效果；也可以當成押煞符令、驅邪除煞。

◎法者點三炷香（也可以設案備供品），拜請觀世音佛祖降臨（可催「請觀音佛祖神咒」），稟明事由後，香插香爐。

◎以一般符紙或壽金畫「觀音送財符」均可。

★觀音送財符格式：（請洽詢原作者）

◎符畫完，催「敕符總咒」，內文加上「觀音佛祖敕令」，蓋祖師法印、打祖師指訣。

◎符過完香爐交給信者，若有設案，法者謝壇、送神、化金紙。

◎依主事者生辰八字選黃道吉日，將此符安貼於大門橫樑上，或是客廳龍方，也可以貼在神案龍方。

◎此符亦可以帶身，帶身前宜用紅紙包好符令，或是用紅布縫好。

◎此符可一連畫多張，放（貼）在不同地方，但不可貼於臥室、廚房等較為不乾淨地方。

◎此符不可帶往風化場所，否則易失效用；帶此符時，多做善事，會有意想不到功用。

25 退煞血符

★退煞血符為救急、救命之符，凡八字中帶「血光」、「急難」、「命危」之災，都可適用。

①備蠟燭、鮮花、水果、金銀財寶。

②設案（案可設在患者家中，方便化符）、上供品，法者點三炷香，拜請恩主玄天上帝降臨，稟告事由後，香插香爐。

③畫「退煞血符」，催「敕符總咒」，內文改為「玄天上帝」，咒畢，蓋恩主法印，打帝爺指訣。

退煞血符格式：（請洽詢原作者）

④將此符交由患者，在「符令」與「罡」處，蓋上患者「中指」血液，男生為左手中指、女生則為右手。

⑤法者將此符帶往患者屋前右方（或右方有水流處），合壽金一百、神馬五張、甲馬五張一起化燒。

⑥待金紙、符令化完前，法者右手劍指、左手縛鬼訣，口唸「奉北帝敕令，一切凶神惡煞急走千里外」，哈真氣、腳踹地，喊「走」，打向外方。

⑦法者轉回屋內，謝壇、送神、化金紙。

26 補財庫祕法

★凡是財庫不足（八字中，有財無庫、有庫無財者皆可論之），或是財運不佳（流年、大運無財、漏財、劫財稱之）者，除了先前已經介紹過多種催財、求財法事，可以增得財運之外，為了加強效果，尚可於流年之始，做「補財庫法事」，藉以填足本身財庫，行運旺財。

★欲做此法，需於流年農曆正月開始，連做十二個月，且凡是犯有太歲、歲破、白虎、天狗、五鬼者，都必須先行制改，才會有效（十二歲君制改法，先前已經介紹過，此處不再贅述）。

●補財庫祕法：

⊙備五果一盤、冥封兩紙（一封給東方陰公、一封給女陰魂）、庫銀四十萬（分成兩份）。

⊙設案（須於戶外頂天處），上供品等（兩封冥封分別放在兩份庫銀上）。

⊙燃香一把，催「陰公財官咒」。

⊙咒催完，香分插於庫銀上。

⊙十分鐘後，化燒庫銀，寄望藉此託東方陰公與女陰魂，幻化庫銀來補足人間財庫。

⊙撤供。

⊙**「陰公財官咒」**：拜請東方陰公財神官，急急來作法，正氣善女陰魂如其在，法寶歸宗三千界，東西南北賜吾財，冥通庫銀歸寶法，通靈幽冥地府界，東方陰公財庫官左陣排，善女正氣陰魂右隨扶，吾請庫曹庫官敕行，敕下庫銀變化真財寶，陰公女魂皆領納，冥轉通變化冥財得吾庫銀化陽財，金玉滿堂如意來，大吉大利鎮落守，陰歡陽喜各有利，能敕冥財庫銀開，招呼陽間下民信士（女）：XXX得發財利，天清清，地靈靈，鬼神聽吾令，敕庫庫銀盈，敕銀銀滿生，敕財財豐榮，敕下庫銀億萬千，萬寶歸宗顯威靈，神通萬里發財源，陰公財神官，招財女魂獻寶，進入陽間下民信士（女）財子（女）：XXX住址：——————神兵火急如律令，敕！急急發財！

＊咒語內，只能寫本人姓名和住址，不寫八字，切記。

＊冥封寫法：（請洽詢原作者）

27 陰宅制煞結界法

※陰宅結界一般用於墳墓保護、化煞，福主避免先人墳墓遭受不明惡法侵害、或受其他陰靈干擾，可請法師結界保護先人墳墓；另外，先人墳墓逢風水形煞，恐傷

及後代子孫，也可請法師在墳墓四周做無形化煞，然後加以結界保護。

◎由主人家備供品，先祭拜欲制煞結界墳墓的龍神(三炷香)，土地公(三炷香)，再三炷香向墓主三拜後稟明事由，然後擲筊取得先人同意。

◎法者備供品點三炷香向四方三拜後，唸請四方山神土地，四方靈體，今天小法XXX要為X家祖先做制煞淨化，請四方的靈稍讓一下，避免被傷到。

◎用「押煞符」化入陰陽水，將墳墓四周灑淨，如兩墳相隔太近，則用壽金催「淨天地神咒」沿著墳邊緣淨化，避免淨水灑到他墳。

◎以「七星劍」或「黑令旗」插或立於墳墓四角落處，以一百壽金合「押煞符」化燒於劍或旗旁邊，法者以敕符指催「鎮符神咒」後哈氣打向金紙中，再用劍指和縛鬼指催唸「奉北帝敕令，一切凶神惡煞急走千里外，神兵火急如律令，敕」，並哈氣打向金紙中。

此步驟四角落依序處理完再結界，哪一角落先皆可。

◎法者於四角落化燒金紙處，以「雙劍指」或「八卦指」，催護壇神咒後，哈氣打向地上結界。

☆陰宅制煞以「押煞符」為主，除非真的不得已才使用「五雷符」。

☆陰宅結界：催「護壇神咒」，本師雕起雙劍指，寄在壇中，改為寄在土中。

★萬一不小心傷到別的靈，需由法師帶領家屬，到墳地擺案桌，先準備一點金紙，再由法者擲筊問需化多少庫銀補償，再由法者或家屬化燒。

★如兩墳相隔太近，可在制煞完成後，法者向制煞主墳旁的靈，擲筊問有無侵犯到。

四不原則：

●淨墳和化燒符令不化在他墳範圍。

●指訣不可打向他墳，皆眼看地上，指打地上。

●催咒不可催向他墳，皆眼看地上，嘴對地上。

●結界不可侵犯他墳（最好結在自身範圍內）。

※護壇神咒：

本師刁起雙劍指，寄在壇中，若有妖魔鬼怪、邪師邪兵相侵入，斬斬殺殺不留情，吾奉祖師親敕令，神兵火急如律令，敕。

本師刁起八卦指，寄在壇中，若有妖魔鬼怪、邪師邪兵相侵入，收收縛縛八卦中，吾奉八卦祖師親敕令，神兵神將火急如律令，急急如律令，敕。

※鎮符神咒：

符令符令，頭戴三清，鎮天天清，鎮地地靈，鎮人人長生，鎮鬼鬼滅形，吾奉九天玄女敕（可依請來之神駕更改名諱），神兵火急如律令，敕！

28 法奇門心訣

替天行道堪陰陽，通神護體別慌忙。
奇門心法最重要，定局佈局兵馬到。
能量運作天地通，獲得神助快如風。
奇門化解移星斗，換化拆補顯聖手。
預測抓住一條線，先把運氣陰陽占。
終身局裡設命盤，前世今生把命改。
抽爻換象關吉凶，乾坤挪移助神通。
要想旺財尋財氣，學業求官靠貴人。

尋時改運借東風，踏罡步斗顯神功。
尋子當看胎神位，佈局桃花看方位。
制化四害要能用，貴人合化兼沖破。
法術奇門練符咒，穿越時空用星宿。
天干地支解凶害，祿馬貴人德神在。
六甲六丁陰陽將，三奇八門佈局旺。
瞞天過海富三代，飛星入斗來得快。
八卦九宮斗步催，加持風水五雷音。
求官求貴求桃花，無一不顯人心願。
奇門法術配擇日，再用空間配符咒。
自古千年顯絕學，堪稱帝王不傳術。
爾今道法傳世人，只願救人不害人。

※「法奇門心訣」短短幾行字，盡顯「法奇門」所有絕學，內容字字心機，無處

不是重點，藉此書公佈，結識有緣人。

「奇門遁甲」被視為上古帝王之術，分為「術奇門」與「法奇門」兩大部分，其中「術奇門」又概分為「陽盤奇門」和「陰盤奇門」。

據本人瞭解，「陽盤奇門」多以擇吉日吉時吉方出行為主訴內容，偏向於趨吉避凶方法，後世冠以出行訣稱之。

「陰盤奇門」則傾向於問事吉凶，類似於占卜預測，與易經占卜結果有異曲同工之妙，但近來許多研習「奇門遁甲」者，經過多方穿鑿附會，把「陰盤奇門」擴大為除了問事方向之外，又增添了許多化凶開運之法，亦即「陰盤奇門」除了能占問吉凶，還能提供化解方法，把「術奇門」之能，做了無限擴大，據說多少有其效用。

事實上，「奇門遁甲」之所以分為「術奇門」與「法奇門」，真正解方仍需依靠「法奇門」，只可惜「法奇門」自古以來過於神祕，所傳又少，迄今多剩片甲殘文，有學習者又吝於傳授，以致目前市面上多以「術奇門」廣為流傳，「法奇門」幾乎看不到人教授。

本人有幸於二〇一二年，於北京結識一位鑽研「奇門遁甲」老師傅，經過往返大陸多次、耗時七個多月，終於習得一些「法奇門」之術，這些年來加以運用，方知「法奇門」跟市面上流傳之一般道法術數，有著幾乎完全不同的操作方法，更與目前「陰盤奇門」所提倡的解化方法，差異甚大，蓋「法奇門」講求的是一套套連環的解決儀式、套中有套，沒有一般道法基礎、沒有「術奇門」基本概念（尤其是運用「陽盤奇門」）、沒有擇日深度常識（一般擇日、婚課擇日、葬課擇日），根本無法完全融入「法奇門」。

二〇一九年、二〇二〇年，本人分別在台北、高雄各開了一班「法奇門」初、中階課程，可惜的是，或許內容偏深、或許本人拙於教法，據本人深入瞭解，兩個班七、八十位學生，能傳下來並加以運用者，不超過三人；為此，本人深為自責，已對外說明不再公開教授「法奇門」，高階課程部分亦是無緣問世，不過，基於傳承五術職責，仍歡迎各方同好、大師來本人館裡坐坐，對於「法奇門」互相研究、且定是有問必答，祈有機會讓更多人瞭解神祕的「法奇門」。

第三章

各式開運化煞物開光

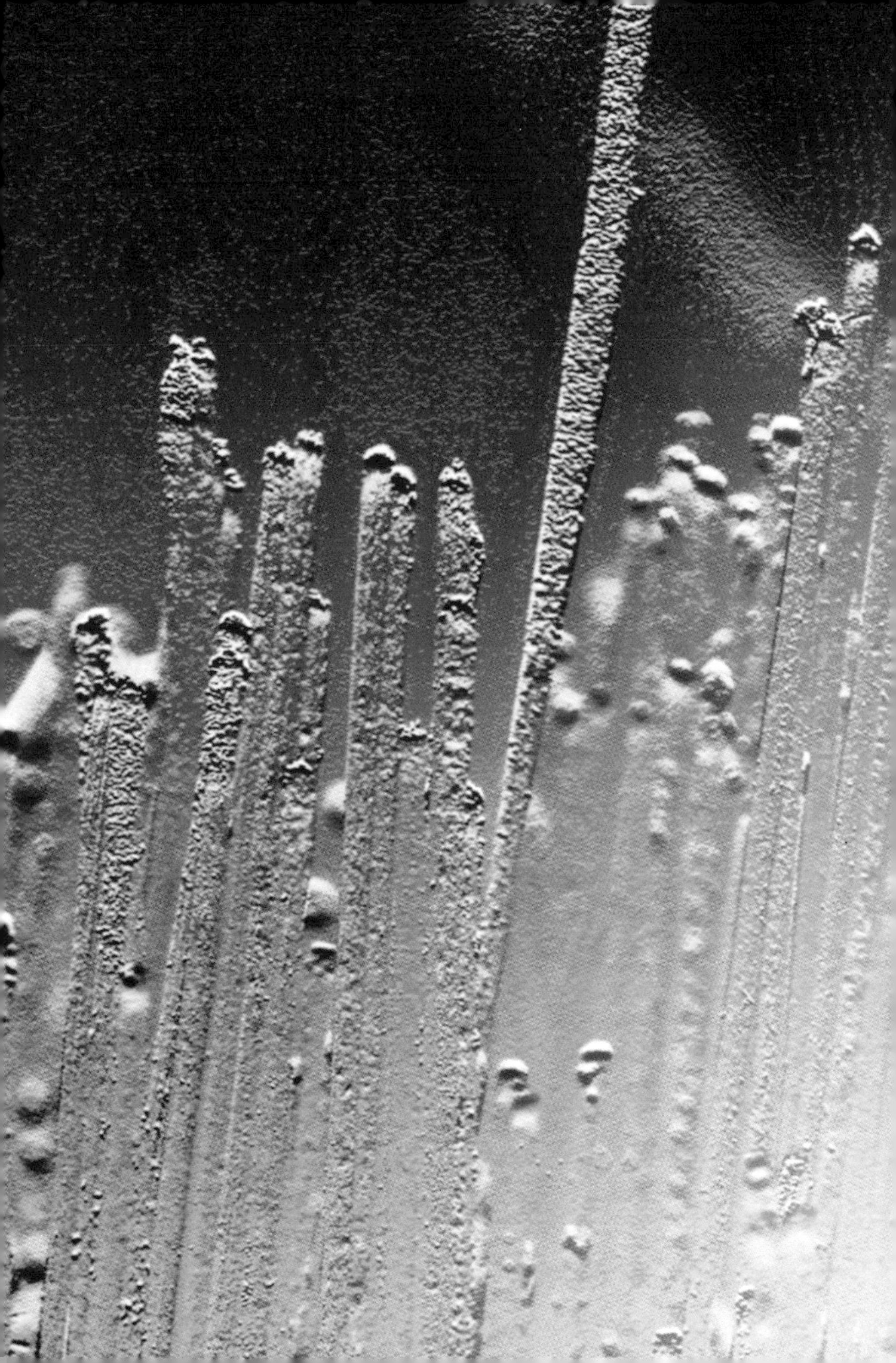

29敕劍、敕黑令旗、敕法繩要訣

@敕劍步驟（含七星劍、桃木劍）：

1. 準備劍一支、米斗一個、白雞一隻、硃砂、鮮花、水果、蠟燭、金銀財寶。
2. 劍長可為尺三、尺六，或較短如八吋六、較長如二尺二皆可，但都必須合文公。
3. 敕劍前需先催「淨天地神咒」清淨，桃木劍最好整支（含劍鞘），皆為桃木製；七星劍佛具店買得到。
4. 以硃砂混雞血，畫「北帝押煞符」於劍身。（如不用白雞血亦可）

5. 畫七星於劍身，最後一顆星需正好畫在劍尖上，並催唸七星尊者名。

6. 將劍插入米斗。

7. 點三炷香、獻上供品，面向外面腳踏「七星斗」、催「七星斗步咒」、「七星斗法咒」，稟告玉帝使用此劍的目的，例如欲讓此劍祭煞、替人收驚祭改、服務社會人群……等等。

8. 回到壇內，稟告祖師（九天玄女）、恩主（玄天上帝）、壇內眾神，使用此劍的目的。

9. 以香催「九天玄女敕符總咒」於劍上。

10. 將劍取下平放於案桌上，催「敕劍神咒」，催至七星尊者處，用香點劍身七星處。

11. 三炷香插於香爐、劍再於香爐過火三圈。

12. 謝壇化金紙。

13. 淨壇（需催咒）。

●敕好之劍（尤其是桃木劍），可噴透明漆，防止硃砂褪色。

●敕劍神咒：「咳」！恩主賜吾七星劍，九練成鋼十成刀，數陣白馬大將軍，一時齊下斬邪魔，鑑察人間並地獄，城隍社稷呈山河，吾今敕劍劍有靈、靈氣光茫同日月，魁巨鑵刑鱺鯆魖尊者扶劍斬邪魔，令出急行，吾奉九天玄女敕，神兵神將火急如律令，「敕」。

@敕黑令旗步驟：

1. 備一支黑令旗，旗柄必須是桃木製，旗面為三角形，制煞功用與桃木劍同（旗面需有「字」，也就是合文公的意思；柄總長一尺三）。一般佛具店買得到黑令旗，自製亦可。

2. 準備鮮花、水果、蠟燭、金銀財寶。

3. 催「淨天地神咒」淨旗子。

4. 對旗子催「敕紙神咒」。

5. 用硃砂混米酒，在旗面中央寫一個「令」字，然後圈起來；接著用白色染料混米酒，在旗邊寫「黑令符」。

★黑令符格式：（請洽詢原作者）

6. 點畫七星於黑令符旁邊（需唸七星尊者名）。

7. 點三炷香、獻上供品，面向外面腳踏「七星斗」、催「七星斗步咒」、「七星斗法咒」，稟告玉帝使用黑令旗的目的，例如用來祭煞、服務社會……等等。

8. 返回壇內，稟告祖師（九天玄女）、恩主（玄天上帝）、壇內眾神，使用黑令旗的目的。

9. 以香催「九天玄女敕符總咒」於旗上、內文加一句「奉玉皇大帝諭令」。

10. 三炷香插於香爐，黑令旗繞香爐三圈過火。

11. 謝壇化金紙。

12. 淨壇（需催咒）。

@安黑令旗步驟：

◎找一支連頭帶尾之青竹子（長度約十二尺），一塊四角黑色旗、白布邊。

◎準備鮮花、水果、蠟燭、金銀財寶，點三炷香拜請祖師九天玄女、壇內眾神、王孫元帥、五營將軍降臨。

◎催「淨天地神咒」清淨旗竿、旗面。

◎以硃砂混米酒，在旗子中間寫一個「令」字，然後圈起來。

◎以黑墨汁混米酒，在白邊上書寫「黑令符」；需敕咒。

◎另畫一張「五營總符」（以黃色符紙書寫硃字）；需敕咒。

★五營總符格式：（請洽詢原作者）

◎將黑令旗綁於青竹尾，立於宮殿外龍邊（或虎邊）。

◎獻五方（法者取出五百壽金，摺成五堆，依東、西、南、北、中五處排放，點燃金紙，法者立於中央、面向黑令旗）；獻五方主要是請五營兵將護旗。

◎法者手結「王孫元帥指」，催「奉九天玄女聖駕敕令、王孫元帥調到、五營將軍速速帶本部兵將到此鎮罡、護國佑民，不得違令，令出急行，神兵神將急急如律令」咒語；隨後，法者口含清水三次噴向令旗，再將指訣打出，喊「敕」。

◎法者點三炷香插於黑令旗腳，再貼五營總符於黑令旗竿上。

◎將牧草與一大桶清水放於黑令旗邊（此乃養馬之意）。

◎謝壇化金紙（送王孫元帥）。

◎清淨神壇。

◎犒將（可用「五營賞兵法」或一般犒將方式皆可）；五營賞兵法需備人手若干助陣，多為廟宇所使用，普通小宮壇大多備金紙設案犒將。

●未設宮壇寺廟者，忌安黑令旗。

@敕法繩步驟：

⊙準備一條法繩（蛇頭繩身）。

⊙備鮮花、水果、蠟燭、金銀財寶。

⊙催「淨天地神咒」清淨法繩。

⊙點三炷香、獻上供品，面向外面腳踏「七星斗」，催「七星斗步咒」、「七星斗法咒」，稟告玉帝使用法繩目的，例如用來祭煞、服務社會……等等，並恭請「造鞭使者」降臨敕法繩。

⊙返回壇內，稟告祖師、壇內眾神，使用法繩目的。

⊙以香或硃砂筆催「敕法繩神咒」。

⊙三炷香插於香爐，法繩繞香爐三圈過火。

⊙謝壇化金紙（送造鞭使者）。

⊙淨壇。

●**敕法繩神咒：**「咳」，神霄玉清，今吾敕爾下降，自有凡霄弟子，功曹玉文，天逢五行，直符隨吾三調，鞭押天下無德鬼，鞭打人間不正神，吾奉造鞭使者親敕令，神兵火急如律令。

●催「敕法繩神咒」時，香或硃砂筆直接點於鞭上即可，切勿點蛇頭或蛇眼。

30 沖天旗

◆沖天旗為陽宅制煞之用，若房子比兩邊都矮時，可將此旗插於屋頂正中央或屋後中央點（以方便固定為原則），表示插了沖天旗後，屋子已經比別人高。

◆另外，若屋子青龍、朱雀、白虎、玄武任何一方比鄰屋矮，也可插沖天旗於矮方（尋找方便固定處），做為制煞。

⊙配合屋主生辰八字，擇良辰吉日安旗（日子不能沖煞房子座向）。

⊙備蠟燭、鮮花、水果、金銀財寶，另備一匹長三點六尺、寬二點八尺紅布，長竹竿一支。

⊙設案（最好在屋主家中，較為方便），上供品，法者點三炷香拜請「地理師楊公救貧」降臨，稟明事由後，香插爐中。

⊙以黑字畫「沖天旗符令」於紅布上，催「敕符總咒」，內文改為「楊公救貧」，咒畢，符膽仍打「劍指」、「縛鬼訣」，符令處蓋法師「心印」即可。

●沖天旗符令格式：（請洽詢原作者）

⊙法者以七張金紙催「淨天地神咒」清淨竹竿，以及欲插旗竿處，然後，將紅布綁在竹竿上。

⊙把沖天旗插好，法者另點三炷香，站在旗邊呼請「地理師楊公急急降臨，庇佑此宅（地址）平安順遂、百無禁忌……云云」。

⊙法者稟完，三炷香插在旗邊，並在旗邊放置金桶、化壽金一百（若不方便，可在屋外化）。

⊙制煞完成，法者謝壇、送神、化金紙。

31 羅盤（八卦鏡）開光法

◎住家內外局有形煞，通常都會以八卦鏡、羅盤、山海鎮、獅咬劍……等各種制煞物品處理，本門以用八卦鏡、羅盤為主，須先開光，始能發揮功效。

一、法者點三炷香，對天呼請八卦祖師、祖師九天玄女、恩主玄天上帝降臨，並稟告事由。

二、點燃七張壽金，催「淨天地神咒」清淨羅盤（八卦鏡）。

※羅盤需調至『午』方向上。

三、法者手持硃砂筆，踏「七星斗步」，催「七星斗步咒」、「七星斗法咒」。

四、敕筆、墨、硯，法者手持硃砂筆，對著羅盤（八卦鏡）正面催「點安八卦神咒」，邊催咒語，邊以硃砂筆點所有方位，咒語唸到哪裡，硃砂筆必須跟著點到哪裡。

五、咒催完，以硃砂筆在羅盤（八卦鏡）正面上寫「敕令」，再對著羅盤（八卦鏡）打「陰陽八卦指」。

六、在羅盤（八卦鏡）背面，畫「北帝押煞符」或「鎮宅靈符」、「五雷符」，並催敕符總咒（鎮宅靈符、五雷符須加請五雷將軍）。

七、再點燃七張壽金清淨牆面，然後將羅盤（八卦鏡）掛上，並以原三炷香拜請八卦祖師、祖師、恩主，稟告已經安好羅盤（八卦鏡），希望諸位神尊，速派兵馬安鎮羅盤（八卦鏡），保佑ＸＸＸ諸事平安順利。

八、法者稟完，將三炷香插在羅盤（八卦鏡）旁邊。

九、謝神，送神回歸本位。完成。

＊點安八卦神咒：

身在先天太極內，腳踏五嶽陰陽開，六丁六甲左右排，前敕朱雀兵，後調玄武將，左請青龍神，右使白虎君，東西南北四天兵，前後左右四天神，風雨雷電四天將，金木水火土五方大神兵，春夏秋冬五雷兵，六丁六甲隨吾轉，二十八宿護吾身，乾元亨利貞，兌澤陰陽兵，巽山風震五嶽，震雷霹靂聲，艮山封龍虎，坤土留人門，坎水湧波浪，離火照光明，乾三連，坤六斷，離中虛，砍中滿，兌上缺，巽下斷，震仰盂，艮覆碗，拜請八卦祖師降臨來，吾點吾呼八卦，萬應萬靈，神兵神將火急如律令，急急如律令，敕！※「鎮宅靈符」須加催「鎮宅靈符咒」。

＊鎮宅靈符格式：可大符，長三尺、寬七吋，多為大工廠、大公司用，住家可用一般小符：（參照後面各式符令章節）

＊鎮宅靈符咒：

謹請祖師鎮靈符、本師鎮靈符、仙人鎮靈符、玉女鎮靈符，符鎮九洲龍虎伏，法在陽間救世民，左手救男男便好，右手救女女平安，吾奉九天玄女敕，神兵火急如律令，敕！

＊五雷符格式：此符可帶身避邪、貼宅鎮邪魔，也可化入「清淨水」或「鹽米水」中，以「五雷指」趨打邪魔。（參照後面各式符令章節）

＊書寫這五雷符時，先奉香拜請五雷將軍降臨，並稟明事由，助吾小法畫五雷符萬應萬靈，然後，左手以五雷指壓符紙，左腳在前寫「雷」字並踏之，右腳在後寫「令」字，並以腳尖點之，接著，才開始畫符。

＊以上五雷符畫完後，都須「哈」五個「五雷指」，蓋在五雷處，然後再蓋祖師法印、打祖師指。

＊五雷符畫完，可催「敕符總咒」敕符，內文加上「五雷將軍律令敕」；或催「五雷符敕符神咒」敕符。

＊五雷符敕符神咒：

玉虛隨綿遠，無為香啟程，雷聲天寶化，助國救生民，正一玄壇將，雲師渡有前，鐵鞭並鐵鎖，提起鬼邪驚，玉皇頒敕令，關將顯身形，奉請玉清大法主，化形十方救萬民，左手大把九天器，右手把鞭並雷霆，諸位將落手神遠，開鞭一指鬼滅形，哆囉唆婆呵，哆囉唆婆呵，哆囉唆婆呵，神兵火急如律令，急急如律令，敕！

＊五雷符敕符神咒：雷電大雷公，霹靂現英雄，統兵千百萬，留霹在雷中，若有強神不服者，雷令霹靂現豪光，急急如律令，敕！

32 山海鎮（獅咬劍、36枚帝錢、太極乾坤圖……）開光法

◇山海鎮欲開光，需先用金紙催「淨天地神咒」清淨，並以硃砂筆催「發豪光神咒」，點山、海各個圖樣，然後，再一一點畫鎮內所有符令，背面則可畫「北帝押煞符」、「鎮宅靈符」、「五雷符」。

一、設案，備供品、金銀財寶。法者點三炷香，對天呼請「八卦祖師」、「祖師九天玄女」、「恩主玄天上帝」（畫鎮宅靈符或五雷符時加請「五雷將軍」）降臨並稟告事由。

二、敕筆、墨硯，以壽金點燃，催「淨天地神咒」清淨山海鎮，並以硃砂筆催「發豪光神咒」。

三、先以硃砂筆點安八卦。點完，打陰陽八卦指。

四、然後點「日」（太陽星君到此），點「月」（太陰娘娘到此）。點（鎮宅光明），點山、點海，點（我家有山海），點（山高擋千災），點（海深納萬財），點（對我來生財）。

※點後凌空寫字。

五、中央符令開符（照畫符程序，打指訣、蓋心印、打祖師指訣、催敕符總咒）。

再點鎮內其餘符令（若有需要，也可開符）。

※點後凌空畫符。

六、點完鎮面，在背面畫押煞符、鎮宅靈符或五雷符（可以蓋法印），並催敕符總咒（或加催鎮宅靈符咒）。

七、以七張壽金點燃，清淨牆面，掛好山海鎮，以原先的三炷香，拜請諸神尊，稟告已掛好山海鎮，敬請諸神尊速派兵將鎮守山海鎮，保佑闔家平安。稟完，將香插在山海鎮旁。

八、化金銀財寶，送神。完成。

※另外，關於獅咬劍、36帝錢、太極乾坤圖……等等化煞物開光法，方法如上；欲掛獅咬劍等這些化煞物，亦須先催「淨天地神咒」清淨，然後於背面畫「北帝押煞符」、「鎮宅靈符」、「五雷符」即可。安法同上。

33 貔貅（麒麟、三腳蟾蜍、龍龜）開光法

一、設案，備供品、金銀財寶。

二、法者點三炷香，對天呼請「祖師九天玄女」、「恩主玄天上帝」降臨，並稟告事由，香插香爐。

※貔貅畫「鎮宅靈符」時加請「五雷將軍」。

※麒麟畫「平安符、祈福符」時加請「各該神祇」。

※三腳蟾蜍畫「財神符」時加請「五路財神」。

※龍龜畫「天醫真人符」時加請「天醫真人」。

三、敕硃砂筆、墨、硯，點燃七張壽金，催「淨天地神咒」清淨貔貅（麒麟、三腳蟾蜍、龍龜）。

四、以硃砂筆在貔貅背上（由頭向尾部）畫「北帝押煞符」或「鎮宅靈符」（按開符程序畫符），畫完催敕符總咒時，神駕名改為「玄天上帝」。

※畫「鎮宅靈符」催敕符總咒時，神駕名加「五雷將軍」，並加催「鎮宅靈符咒」。

五、也可以用三炷香，在貔貅背上畫符。

六、麒麟開光時所畫符令，以祈福、保平安……等符令為主，開光法同貔貅，三腳蟾蜍和龍龜開光步咒同上，只是所開符令和所請神祇不同。

七、開光完成，化金銀財寶，送神。

八、全部儀式完成。

切記！開光時，貔貅（麒麟、三腳蟾蜍、龍龜）的頭（嘴巴）不能向著神尊，大不敬。

34 安聚寶盆法

一、準備聚寶盆（口小肚大）、五色水晶石、五色水晶球、五帝錢或兩個龍銀（真假不拘）。

二、擇吉日，備金紙（或五果、鮮花、蠟燭、金銀財寶），點三炷香，拜請五路財神（武財神）降臨，稟明事由，香插香爐中。

三、選定聚財位，以七張壽金點火，催淨天地神咒，淨財位，淨聚寶盆、五色水晶石、水晶球、五帝錢（龍銀）。

四、敕筆、墨、硯。畫財神符，打指訣，蓋心印，蓋法印，打財神指，催財神咒，摺六角形。

五、在每個水晶球、五帝錢（龍銀）上，畫財神符（打指訣、蓋心印、打財神指、催財神咒）、過香火。

※也可改為在五帝錢的通寶面，或龍銀的龍面，以硃砂筆寫「罡」，或寫招財進寶再寫「罡」（可重疊）。水晶球則點硃砂加持。

六、將五色水晶石、水晶球、五帝錢（龍銀）、財神符放入聚寶盆（不須按照方位）。

七、將聚寶盆就定位，就不再移動，開始隨時放入錢幣（進財）。

八、化金紙、謝神、送神，完成。

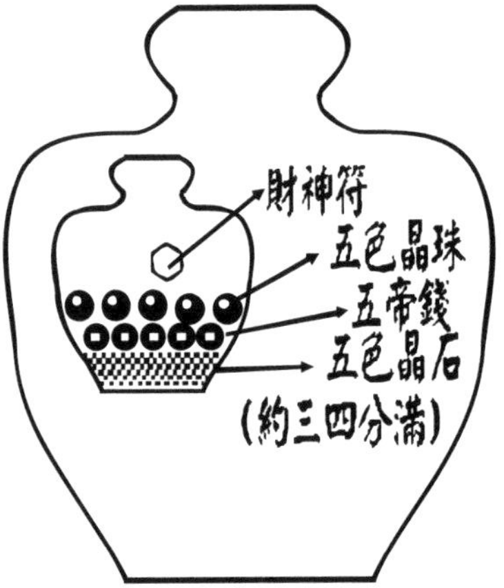

安聚寶盆讚言：

★安放之前，手捧聚寶盆，口唸讚言：

◎雙手捧寶盆，時時貴人來，日日都平安，月月大發財。

★聚寶盆安定位，雙手撫著聚寶盆，口唸讚言：

◎寶盆放呼正，子孫處處得人疼，寶盆放呼對，子孫萬年大富貴，大富大貴、大富大貴！

◎前有朱雀人丁旺，後有玄武鎮明堂，青龍白虎護左右，萬事貴顯應無窮，財寶千箱家大富，XXX之家代代買田園。

★雙手捧銅錢，一一丟入聚寶盆，口唸讚言：

◎大嘴扒呼開，金銀財寶進入來，XXX之家，日日時時大發財！

◎一進丁、二進財、三賜福、四無災、五福臨門、六六大順、順心順意、大富大貴！

★一切就緒，雙手合十，對著聚寶盆再唸讚言：

◎一要人丁旺千萬，二要子孫攏賢明，三要家代萬年興，四要財寶滿豐盆，五要家資石崇富，六要子孫早興旺，七要登科狀元郎，八要十官九將相，九要代代入朝房，十要南山壽元長…良辰吉日來安盆，庇佑子孫萬年興，大吉大利大富貴，大富又大貴。

※儀式完成，以後若有零錢，可直接丟入聚寶盆，等到盆內八分滿，再將零錢倒出來拿去存或花掉，只流少許錢母繼續放入聚寶盆！

※聚寶盆安完後，切勿隨意搬動！

35 敕八卦錢法

●八卦錢無論帶身、吊在車上、掛在家中，皆有避邪、護身、招財作用。

☆將八卦錢先以七張壽金點火，催咒淨過。

☆以劍指對著八卦錢，催唸「護身咒」三遍。

⊙**「護身咒」**：伏以日吉時良、天地開張、天靈靈、地靈靈、日月光明、三才合一、召之萬神、三清仙真、至聖玉文、金光速現、護衛本命、保佑長生、身有光明、急急如律令！

☆再以劍指對著八卦錢，催唸「八卦咒」。

⊙**「八卦咒」**：謹請八卦靈靈，統領天兵，六十四將，牛頭馬面，報應分明，排兵出陣，度吾先行，放洞塞海，八卦在身，保命長生，鎮宅光明，用吾正法，百萬雄兵，開弓射箭，萬萬齊心，天上地下，明星網籠，罩下凶鬼，斬殺除根，本師祖師，扶吾心神，師有作法，化作無停，上排天陣，下佈雷霆，陽間作法，陰府排兵，筆畫卦起，八卦威靈，吾誦神咒，祝保安寧，吾奉太上道祖敕令，是吾軍兵聽吾符令，是吾兵將隨吾收斬妖邪鬼怪盡滅亡，神兵火急如律令！

☆咒催完，對著八卦錢打「先後（陰陽）天八卦指」。

☆將八卦錢拿至神爐上，過火三圈。

36 泰山石敢當鎮煞法

●泰山石敢當標準尺寸，高約三尺六寸、寬約一尺二寸，材質為實心石頭（此為一般鎮宅用大小；事實上，尺寸大小仍須依化煞地點大小而定）。

●石頭正面刻上「石敢當」或「泰山石敢當」字樣，然後以硃砂上色。

●上色同時，需加催「泰山都統咒」，藉以開光。

⊙**「泰山都統咒」**：奉請泰山康都統，敕封苦步英烈雄，頭戴花冠金羅幅，紅袍金帶度眾生，遊行天下救諸苦，斬斷人間不正神，吾奉玉皇上帝敕，焚香拜請到壇前，法門弟子專拜請，泰山都統降臨來，神兵火急如律令，神兵火急如律令，神兵火急如律令，神兵火急如律令，神兵火急如律令，神兵火急如律令，神兵火急如律令！

●石頭背面可加畫「鎮宅靈符」、「五雷符」等等，並催咒加強效力。

●石敢當必須鎮在沖煞之地，方能發揮最大效能。

第四章

各種（各地）民俗開運化煞法

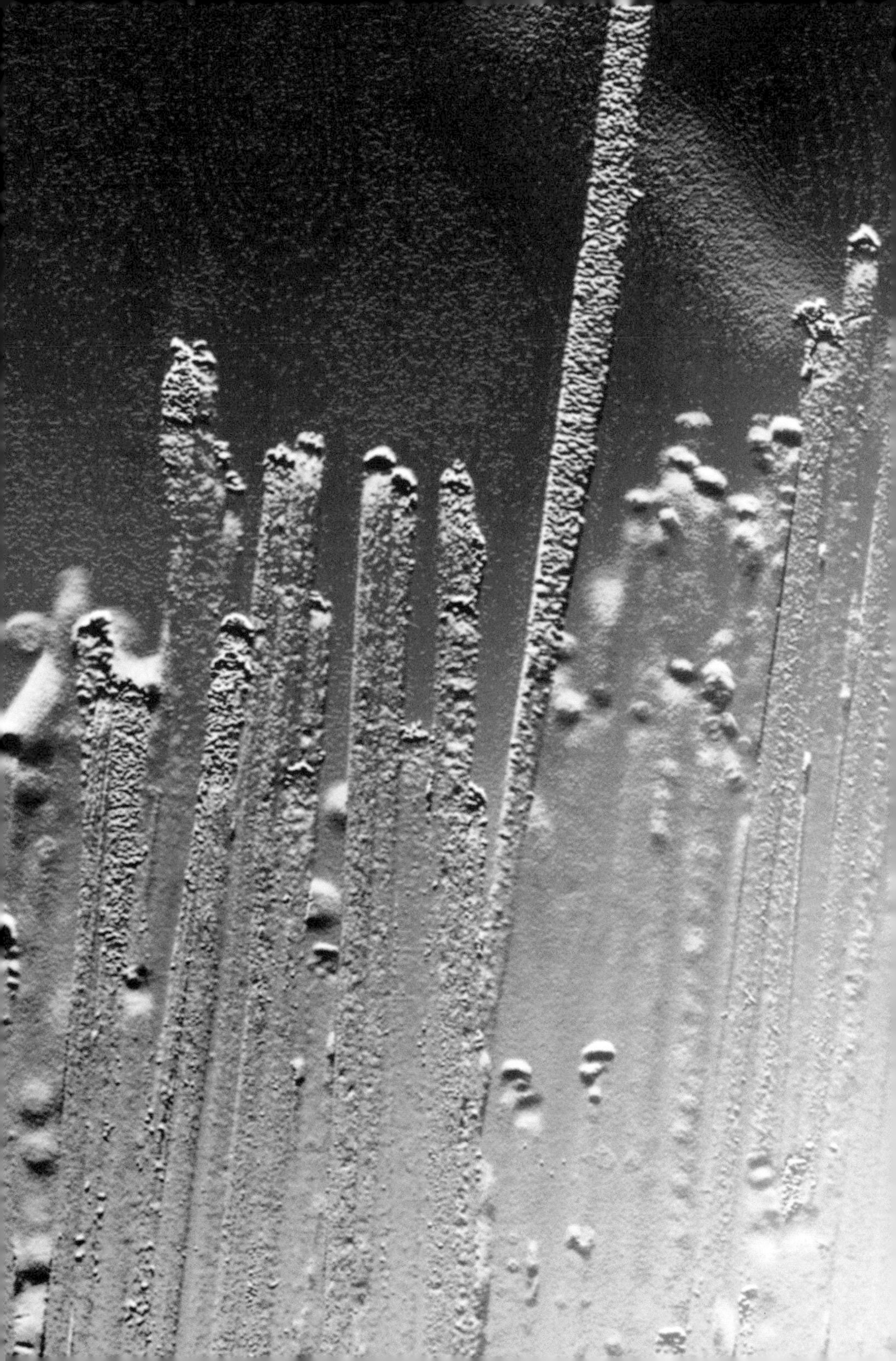

各種（各地）民俗開運化煞法

37 流年十二歲君趨吉避凶法

◎太歲之由來：

太歲又叫歲君或太歲君，中國道教以十天干與十二地支陰陽搭配，共六十年為一甲子，每年（歲）輪值一位歲君，掌管人間禍福，稱為「值年太歲」，另以「斗姆元君」統領六十太歲，這項傳統據說已流傳兩千多年。

◎安太歲習俗：

但自北魏時期開始，民間與道廟寺觀習慣上只重視「歲陰」（即每一太歲有一個天干地支，歲陰就是十二地支，因地支在下稱為陰），所以，太歲便成為每十二年循環一次，只要我們出生年的地支「生肖」與流年相同，就被稱為遇太歲年，每年農曆年初，家家戶戶便必須到大廟為犯太歲之人安太歲。

例如：卯年（兔年）生的人，遇流年「卯」，就是遇到太歲年，俗稱「犯太歲」。

◎所謂「太歲當頭座、無喜恐有禍」，流年犯太歲固然須安制處理，但是，其他十一個生肖的人，也有一些狀況必須加以留意處理。

在傳統八字學上，有所謂的「十二歲君神煞」，搭配流年十二地支，換句話說，其中一種生肖犯流年太歲，其他十一個生肖也會碰到另外各自的神煞，這都必須注意處理，否則同樣可能引來災禍。

◎什麼是「十二歲君」？

就是「太歲」、「太陽」、「喪門」、「太陰」、「五鬼」、「死符」、「歲破」、「龍德」、「白虎」、「福德」、「天狗」、「病符」等十二星君。

◎流年逢十二歲君，如何正確處理才能趨吉避凶？

以二〇一二「壬辰」年，生肖屬「龍」為例。

太歲（辰）：屬龍之人今年太歲當頭，萬事須小心，尤其身體疾厄、是非、血光，最好在農曆大年十五以前，到大廟安奉太歲保平安，當年七月十九日要祝太歲千秋，十二月二十四日要謝太歲，另外，身上可配戴開光保平安的飾品，例如「轉運金牌」。

1. 太陽（卯）：屬兔之人今年遇太陽星，小心行事可保一切平安、財運順利，盡量少管他人事，免生口舌風波，今年男人運勢較女人順，女人宜注意桃花，避免不必要的男女糾葛，萬一犯桃花，可請寺廟或道士處理，家中桃花位牆上，宜掛「葫蘆」收制桃花煞。

2. 喪門（寅）：屬虎之人喪門入宮，不宜探病、送喪、捻香，也須留意有穿孝服的機會，今年少投資，易破財，運勢較低之人，身上可帶「轉運金牌」保平安，或已開光過的「葫蘆」、「五帝錢」吊在家中加以制化。

3. 太陰（丑）：今年屬牛遇太陰，小心行事可保財運順利、貴人扶助，是很不錯的一年，但也要留意少管閒事，以免公親變事主，今年女人運勢要比男人佳，男人宜注意桃花，避免不必要的男女糾葛，萬一犯桃花，可請寺廟或道士處理，家中桃花位牆上，宜掛「葫蘆」收制桃花煞。

4. 五鬼（子）：屬鼠之人今年犯五鬼，須留意官司上身，重者牢獄之災，亦須防小人是非不斷，尤忌入陰廟或墳墓之地，也不宜合夥投資，以免翻臉，身上可帶「轉運金牌」避邪，另以開光過的「羅盤」或「五帝錢」掛家中大廳鎮五鬼。

5. 死符（亥）：屬豬之人今年遇死符，注意盜賊侵入損財物，切忌探病、送喪、不食喪家食物，也不宜合夥做生意，怕惹事生非又破財，少入寺廟，尤其是陰廟，身上可帶開光淨化過的「水晶」或以一張「全紅」紙片帶身，來消災解厄，也可以在家中廳堂掛開光過的「羅盤」避邪。

6. 歲破（戌）：屬狗之人今年逢歲破，凡事須小心，不做保、不亂投資、少管閒事，以免惹事生非，出入更要留意血光之災，還有刀關之禍，男女防感情生變，不利婚姻，身上可帶「轉運金牌」或「水晶」避災，也可在家中大門入口附近，安放開光過的「三十六枚古錢」制化歲破之災。

7. 龍德（酉）：屬雞之人今年逢龍德星，為吉星，這年家中容易有喜慶，可在家中牆上掛「龍」或「麒麟」的圖畫，或適當地方擺放「龍」或「麒麟」的雕像、器物，增加喜氣，也可以在身上配戴開運飾品，例如「水晶」或「開運福袋」，提升運勢。

8. 白虎（申）：屬猴之人今年犯白虎，為極凶之星，大過太歲，犯白虎宜注意血光、是非、小人、官訟，凡事低調行事，少遠行旅遊，可在家中適當地方，擺放開光過的「麒麟」或「羅盤」化白虎煞，也可以在身上配戴「轉運金牌」保身，或捐血消災。

9. 福德（未）：屬羊之人今年逢福德星高照，有喜慶之象，可多拜福德正神，保佑吉祥、財利雙收，屬於財利雙收的一年，也可在家中財位安放一隻開光過的「三腳蟾蜍」或「聚寶盆」求財，身上宜配戴「開運福袋」或「水晶」，可帶來福運與財利。

10. 天狗（午）：屬馬之人今年天狗當道，必有禍災，天狗星凶惡程度僅次於白虎星，注意小人中傷、行車安全，可捐血消災，或以「轉運金牌」帶身，也可在住家大廳安置「羅盤」，或開光過的「貔貅」化解天狗煞，以求平安。

11. 病符（巳）：屬蛇之人今年病符凶星佔宮，不宜探病、送喪，以免疾病、陰煞上身，也不可吃喪家食物，已有疾病者，小心惡化，運勢較低者亦不入廟，尤其是陰廟，犯病符星者，身上可帶「開運福袋」或「轉運金牌」避邪化煞，也可以在家中掛開光過的「五帝錢」，制病符煞氣。

※聰明的朋友，想要在當年獲得四季平安，最好在當年農曆正月十五日（元宵

節）以前，依照自己所犯的歲君神煞，加以處理制化，相信會有趨吉避凶的效果

38 本命十二生肖招財法

◎屬猴、鼠、龍之人：

1. 備聚寶盆一個，內放十二枚龍銀（須開光）、七個古錢幣（須開光）、七顆玻璃珠、七片榕樹葉、七片艾草葉，以及財神符一張。
2. 將聚寶盆安置於陽宅財位方。

◎屬虎、馬、狗之人：

1. 備一隻龍龜（須開光），前方置一個聚寶盆，內放六枚龍銀（須開光）、十二片榕樹葉、三個古錢幣（須開光），以及財神符一張。

2. 將上述物品安置於陽宅財位方。

◎屬蛇、雞、牛之人：

1. 備一隻鹿（須開光），在鹿之頸上掛一只香火袋（福袋），內放三枚龍銀（須開光）、三個古錢幣（須開光），以及貴人招財符一張。

2. 將鹿置放於陽宅財位方。

◎屬豬、兔、羊之人：

1. 備存錢的招財豬一隻（須開光），內放六枚龍銀（須開光）、六個古錢幣（須開光）、五路財神符三張、貴人符一張。

2. 將豬置放於陽宅財位方。

39 下元節消災解厄祈福法

三官大帝就是俗稱的天官、地官、水官三個大帝。據說是祭祀堯、舜、禹三位先祖皇帝也稱「三界公」。

民間說法，天官賜福（又稱上元節，農曆正月初十五），地官赦罪（又稱中元節，農曆七月十五），水官解厄（又稱下元節，農曆十月十五）。這三節在民間習俗上佔有相當地位，可以利用三官大帝們生日當天，除了為祂們慶祝外，也可為自己消災祈福，是個宗教民俗相當重要的節日。

水官大帝

道教尊禹為「下元三品解厄水官大帝」，所以下元節又叫「消災祈福日」。

◎水官祈福消災

○如何準備香案及祈福：

一、時間：農曆十月十四日晚上十一點後。

二、地點：居家門口或天台上，或到三官大帝廟拜也可（當天中午十二點以前）。

三、供品：五果、五樣菜碗、清茶三小杯、酒五小杯、紅龜粿、發粿、紮紅紙的麵線、紅圓三碗。

四、紅蠟燭一對、太極金、天尺金、壽生、壽金、刈金、福金。

五、表文（表文為消災祈福表文，可不備口唸也可）。

六、財神寶衣，求財用。

七、備古錢六個、榕樹葉三片、艾草一枝三葉、五穀各三十六粒、保身符一張。

以上物品用紅包袋裝好，消災解厄用，可保來年平安順遂。

○如何祭祀：

1. 上供品。

2. 點蠟燭。

3. 上水、酒。

4. 焚香請神（供請水官大帝到此巡察）。

5. 等香燒到三分之一後擲筊詢問可否奏報，若得聖筊將表文唸上，若得陰筊請再過三分鐘後詢問。

6. 唸完表文後再擲筊詢問可否焚金紙，若得聖筊將金紙、財神寶衣與表文焚燒。

7. 紅包袋過香三圈置放家宅吉方位（坎宅東南方、艮宅西南方、震宅南方、巽宅北方、離宅東方、坤宅東北、兌宅西北方、乾宅西方）。

8. 灑出水酒。

9. 撤供禮成。

40 天赦日求財法

據農民曆（黃曆）記載：天赦日百無禁忌，當天有所求者，最容易心想事成。天赦日一年只有幾天，可從農民曆（黃曆）查到，想要財源順利的朋友，不妨好好利用這幾天，說不定會有意想不到的效果。

天赦日求財法：

1. 備龍銀兩枚、清朝五帝錢、綠豆三十六粒、紅豆三十六粒、黃豆三十六粒、白米三十六粒、黑豆三十六粒、金錢樹葉子七片、五路財神符一張、補財庫符一張（龍銀與五帝錢真假不拘、龍銀須有龍形圖案意味取其貴氣、五帝錢上有清朝最強盛的五個皇帝名諱象徵五方財庫、五色豆穀代表五行五路財、金錢樹葉子可解釋為金錢、五路財神符搭配五色穀乃催財用、補財庫符搭配五帝錢則用來聚財、龍銀與五帝錢須開光）。

2. 將上述物品裝入錦囊袋。

3. 於天赦日當天吉時（時辰不可沖、殺、回頭貢殺本命）

4. 至附近財神廟，將錦囊隨同拜拜金紙放於供桌上。

5. 點六炷香，男跪左腳、右腳平抬、女跪右腳、左腳平抬，向天公與財神爺稟告源由。

6. 三炷香插在天公爐、另三炷插在財神主爐中（若只有一個香爐，六炷香同插入一個爐中）。

7. 香過半、化燒金紙。

8. 拿取錦囊袋，繞天公爐、財神爐各三圈。

9. 回程時，走到廟埕中央、雙腳併立，接著，男先踏出左腳、女先踏出右腳，往農民曆上記載之當日喜神方走二十一步，雙腳靠攏，再面向當日之財神方走五步，雙腳靠攏，然後直接回家。

10. 將錦囊放在家中之庫池位（依龍門八局尋取，庫池位可催財兼聚財）。

11. 錦囊放置妥當後不可隨便動，一年後取下，財神符和補財庫符帶身，龍銀與五帝錢可放入家中的聚寶盆內，或放置在家中的聚財位上，其餘物品隨同金紙化燒掉。

41 月下老人求姻緣感情

◎月下老人，又稱月老公，簡稱月老，是婚姻之神，相傳是人間「媒神」，職掌民間締結婚姻之事，所以為許多青年男女所崇拜。

◎月下老人：七夕情人節將到，想求好姻緣的男女朋友們或夫妻檔，可以利用此行，請求月老公替有、無姻緣者或夫妻，來保感情姻緣順順利利。

⊙求月老姻緣線、姻緣袋需知：

＊點一炷香：稱呼月老公。

＊秉稱男（女）：弟子（信女）叫（姓名某ＸＸ），生辰八字（農曆年、月、日時辰），或虛歲、生肖、住家地址或租房子地址，誠心誠意祈求月老公的姻緣線，牽個好姻緣、好對象（夫妻和合平順），然後插香。

＊拿起「聖筊」：求月老公，跟剛才點香時一樣再說一遍，說完接著說：懇求月老公賜一個「聖筊」。

＊取下一條紅線、月老的相片、姻緣袋、兩顆糖果、過香爐。

PS：請勿默唸，小聲講出來！

PS：記得月老的信物，請隨身攜帶。

42 冬至祈福求財法

◎冬至由來：

○冬至是一年之中第二十二個節氣，這一天北半球白天最短、黑夜最長，此日，太陽系八大行星（冥王星已除名）引力牽引極大，相對也牽引著人類動物的氣場（似月圓月缺影響女子經期），天地宇宙之氣與人類動物之氣互為影響，古來即被視為求神祈福絕佳日子，是日祈財據說會有意想不到的效果。

○冬至又稱「冬節」，古時候，是日要舉行「拜冬節」，以糯米製作好的「冬節圓」紅、白各六粒，內包花生粉或芝麻，在清早敬拜神佛祖先，然後全家圍桌吃冬節圓「添歲」，研習至今，便有所謂冬至吃湯圓、長一歲的說法。

◎冬至祈福求財法：

○備花生仁七粒、生薏仁二十一粒、加持過的龍銀兩枚、古銅錢六個、一元銅幣十二枚、三吋紅絲線一條、財神符一張、求財祈福疏文一張（疏文請洽詢原作者）。

○用紅布袋或紅包袋裝好，於冬至日（辰時大吉、午時次吉、巳時再次）拿到財神廟拜拜過火並秉明原由。

（拜拜金紙、財神寶衣十張、發財金一只）

○將花生、薏仁、紅絲線、疏文隨同金紙化於金爐，其餘帶回家中置於聚寶盆內，若無聚寶盆另置於家中財位，但效果較差。

43 立夏開財開運法

◎最快速招財密法：

1. 選擇即將到來之八大節氣日—立夏。
2. 備紙金元寶七顆、五行穀物（白米、綠豆、紅豆、黑豆、黃豆）各二十一粒、古錢幣七個（須開光）、七炷香、祈祝禱文一張、招財符一張（依各人資料催畫）、金紙一份。
3. 至財神廟獻供。（唸祝禱文）
4. 招財符與古錢幣繞財神爐三圈。
5. 化金紙。
6. 招財符帶身（或放聚寶盆內）。

7. 古錢幣放置家中聚寶盆內。

◎聚寶盆安法：

1. 備聚寶盆一個、五色細水晶石些許、五色水晶球（或龍銀）、五帝錢、財神符一張。
2. 開光五色水晶球、五帝錢。
3. 依序將五色水晶碎石、五色水晶球（或龍銀）、五帝錢、財神符放入聚寶盆中。
4. 選家中聚財方安放聚寶盆。

◎食補法增財氣：

1. 備豬腳蹄一隻（剁成塊）、黑棗七粒、紅棗七粒、枸杞七粒、生薑七片、四物一包，以七碗水熬成一碗，選立夏吉時飲用，可增個人財氣。

2. 備菊花二十一朵、紅棗七粒、黑棗七粒、枸杞七粒，於立夏吉時泡開水飲用，可增財福。

★為何選立夏?因為八大節氣、地球磁場受太陽、月亮影響最大，配合日、月、地球運行磁場，氣候更替，利用這個時候補身體的氣最佳，人一旦氣運順，財富自然跟著來。

◎拜財神最佳方式：六炷香，男跪左腳、右腳抬起平跪（女相反，此為最敬跪拜禮）。

44 尾牙習俗

◎尾牙習俗最早源自漢朝，當時「市集」盛行，貨物交易大都委託「牙郎」（掮客）處理，商家為了犒賞「牙郎」辛苦，會在每月初二和十六日市集交易結束，設宴款待「牙郎」，稱為「打牙祭」，農曆十二月十六日是一年最後一次牙祭，就稱為「尾牙」。

◎而中國古時候以務農為業，多尊土地為神，為了祈求土地公保佑年年豐收、大興利市，也習慣在每個月的初二和十六日，不分公司行號，順道設案祭拜土地公。

◎尾牙因為接近年關，這項習俗延續多年後，反而漸漸演變為一般公司行號、貿易廠商，藉機慰勞員工辛苦工作一年的報償。

◎這一天祭拜土地公的東西，通常比其他時候都要豐富，三牲酒品為必要祭物，另外還包括有五果、紅龜粿、發粿、麻糬、鮮花、蠟燭、金紙、糖果等等。

◎其中，「雞」一定要選用「公雞」、象徵「生意興隆」，五果之中要有「鳳梨」（旺來）和「柿子」（利市），燒化金紙則以壽金、四方金和福金為主。

45 汽車佈局大法

車子是人的賺錢工具、代步工具及身分表徵，一部好車需要適當的裝扮，才能顯出車主的高貴；如何才能讓車子和人相得益彰並永保安康，可是一門高深學問！

1. 左前車頭：文昌位，主功名、官職、文昌、考試，可插旗竿，做官或準備國家考試的人帶旗幟、一般考試不帶旗幟，會帶來官運、考運。（例如：大官黑頭車習慣在左前車頭插旗竿）

2. 右前車頭：病符位，主退財、病耗，不可插旗竿，大官車除外（因官銜可制煞），盡量平整。

3. **車頭正前方：**喜慶、桃花、婚喪位，新車交車可結大紅球、嫁娶可結大紅彩帶球（代表喜慶、婚嫁）、殯喪可掛往生者遺照（代表早日歸升極樂世界、與祖先團圓）。

4. **車身中左方：**為駕駛座位及左後座位，主鬥爭、是非、破財，爭執多、平常開銷大不聚財的人，可在駕駛車門下方置物槽，放置五帝錢化煞氣。

5. **車身正中：**五黃位，主意外、血光，宜在後照鏡上掛香火符令袋、羅盤……等等化煞。（很多車子都有掛，可保行車平安）

6. **車身中右方：**為右前座及右後座位，主小人、官訟，小人多或犯官司的人，宜在右前座置物箱裡，放五帝錢制煞。

7. **左後車廂：**為催財位，主進財、添丁、人緣，以車子為賺錢工具的人或公司業務車，可在左後車廂放引財龍銀催財，想增加人緣的人，可在左後車廂放五色水晶圓球，增進五方貴人。

8. 右後車廂：為聚財位，主財利、聚財，以車子為代步工具的人，宜在右後車廂安放金元寶或三腳金蟾蜍聚財，可增加個人財富。

9. 車尾正後方：為官祿位，想升官或做官的人，除了左前車頭插旗竿之外，還可在車尾正後方之車廂內，吊放小葫蘆和福袋，幫助升官運。

一般私人企業主管級以上人物，宜在車尾正後方之車廂內，吊放福袋和金元寶，增加職位升遷並求財進祿。

◎無尾車無財或財庫小，盡量少買，休旅車有財庫，不算無尾車。

◎新車交車可過火可不過火，因為新車無人開過，不會有出過車禍或卡陰問題。

◎買中古車因為不知道前車主使用狀況，怕曾經出過車禍，或壓死過小動物，最好要過火處理，過火方式如下：

1. 打開車子四個門、引擎蓋、後車廂門、天窗，並在車前一公尺處地上，堆放摺開的兩百壽金，然後以七張壽金點火，依序從引擎蓋淨化、左前輪、右前輪、駕駛座、右前座、左後座、右後座、左後輪、右後輪、後車廂，每淨化一處，都須馬上將門關上，最後將手中未燒完的壽金，燃點車前地上之金紙，接著開車從地上燃燒之金紙上方開過。

2. 以淨水淨車方式亦同，以三清指捧淨水、道指點水淨車。（未淨完之淨水，部分灑向車底、部分灑在車前方地上，然後開車經過）

46 冥婚習俗

◎備品：

1.印紅帖。（男方印，由子代父印、代送給親友）

2.喜餅。（男方備，子代父備）

3.聘金、嫁妝。（男方聘金子代父備）

4.父紙衣（禮服）兩套。（子代父備，一套迎娶前化燒給父穿、一套洞房時放床鋪）

5.父照片（遺照）、牌位。

6.結婚證書兩份。（男方備，子代父備，一份化燒、一份留存）

7.敬神、公媽禮燭、禮炮、禮糖、長壽麵、交杯酒、簡易六禮。（男方備，子代父備）

8.黑傘、謝籃。（男方備，子代父備）

◎儀式：

1. 子代父稟，請示男方祖先，欲舉行冥婚儀式。

2. 擇婚課。（冥婚儀式須在午時以後）

3. 迎娶當天焚香酬神、拜公媽。（男方，子代父拜）

4. 迎娶出門前，子在家門內，化燒一套紙衣（禮服）給父親穿。（化燒順序為內衣褲、襪子、外衣褲、外套、飾品……）

5. 時辰一到，子焚香請門神讓位，方便父靈魂出門，子再焚香拜公媽，請父靈魂寄託遺照、牌位上，法師催咒請欲迎娶之亡魂歸遺照、牌位。

6. 子代父捧父遺照、牌位（放入謝籃內，黑傘遮陽），連同聘金、陪娶品，一同迎娶女方（母親）。

7. 女方隨男方出嫁（陪嫁品一同），新人進房後，焚金紙謝門神歸位。

8. 備禮燭、禮炮、禮糖、長壽麵、交杯酒、六禮，男（由子捧遺照、牌位）女雙方敬拜神明，稟告即日起雙方結為夫妻，女方正式歸為男方（某）家人；再敬拜男方（某家）公媽，即日起雙方結髮夫妻，女方正式歸入男方（某）家人，永生永世侍奉夫君、侍奉夫（某）家公媽祖先。

9. 謄寫兩份結婚證書，一份隨同敬神金紙、敬公媽金紙化燒，放禮炮；一份留存。（見證人寫親友或子女皆可）

10. 宴客時，女方座位旁須留一空位給男方（父親）坐。

11. 洞房時，將一套紙衣放在床鋪上，陪同女方睡，隔天再在家門內化燒給男方，並請男方（父親）歸入公媽龕。

12. 此後，女方必須開始敬拜男方（某家）祖先公媽。

47 財神生日借財方法

◎日期：農曆三月十五日。

◎地點：五路財神廟。

◎準備物品：

1. 康熙通寶兩枚。
2. 一元硬幣十二個。
3. 財神疏文一張（疏文請參考第六章）。
4. 敬神金紙一份。
5. 糖果若干。

6. 離家最近之金融機構清水一瓶。

7. 香火袋（符袋）一只。

◎借財密法：

1. 將上述物品置放供桌，點六炷香，先朝外敬拜天公，再面向內敬拜財神（男跪右腳、左腳平抬，女跪左腳、右腳平抬），香插主爐。

2. 香過五分鐘，跪拜誦禱疏文，誦畢，化疏文、金紙。

3. 將康熙通寶、一元硬幣放入金融機構清水中，帶回。

4. 取出康熙通寶交由老師開光、一元硬幣交由老師加持。

5. 開光後一枚康熙通寶放入香火袋（符袋），帶身。

6. 另一枚康熙通寶連同十二個硬幣，全部放置家中財位方。

PS：財位方分為「催財方」與「聚財方」，賺錢不穩定或財源少者，通寶和硬幣放催財方，開銷大者，通寶和硬幣放聚財方。

PS：此法為求財密法之一，家中財位必須為真正之財位方，只要心誠、心正，運勢一到，必然有所感應。

48 送神（送神、送太歲、送灶君）習俗

◎農曆十二月二十四日，是民間傳統習俗送神日子，這一天除了眾神明歸天庭報到之外，也是「灶王爺」將在人間所看到的功過，回稟玉皇大帝的重要日子。

◎因此，傳統習慣，家家戶戶會選在這一天，準備豐盛的供品和金銀財寶，隆重的拜送家中所奉祀的神明和灶君，希望神明和灶君回到天庭，能替主人家說說好

話。

◎由於家中神明和灶君都已送走，除夕又將來到，家戶便利用這一天，清理神桌上的物品，以及整理廚房灶腳，除了除舊佈新之外，也希望來年能夠一切順利，因此，就有所謂農曆十二月二十四日，稱做「清屯」的日子。

◎如何送神：

1.常聽人說：「送神早、接神晚」，這雖是民間習慣，但事實上，應該是「送神晚、接神早」，主要原因是家神朝夕和我們相處，已經是我們家中一份子，送神時要有一種「依依不捨」的感覺，因此，送神要晚晚的送，並要趕快早點接回來團圓，才會又有接神早的要求。

2.送神時，可準備三牲酒品、五果、蠟燭、鮮花、年糕、發粿、湯圓、金銀財寶（含神、甲馬）。

3. 如果當年家中有人不幸死亡，大都不送神，也不可以大掃除、清屯，否則不利亡人回家團圓，喪家過年不做年糕、發粿，親友必須在二十四號當天，送這些甜粿給喪家。

◎送灶神：

1. 灶神又稱「灶君」、「司命真君」、「灶君公」、「灶王爺」，乃掌管廚房之神，傳說是玉皇大帝派遣到人間考察家戶善惡之神，灶神左右隨侍兩神，一捧「善罐」、一捧「惡罐」，隨時將一家人的行為記錄在罐中，年終時再請灶君回稟玉皇大帝。

2. 灶君因為負有這層使命，因此，送灶神時，家戶都會準備一些糖果、湯圓、麥芽糖、豬血糕、發粿、年糕⋯等較甜較黏的東西祭拜，目的是要灶神吃甜甜，為家戶說些好話，並黏住說壞話的嘴，此外，還要準備金銀財寶（含神、甲馬）。

◎送太歲：

1. 家中有安奉太歲者，這一天也必須送太歲。

2. 送太歲可準備簡單水果、太歲金和四方金、神、甲馬。

◎有送神，就必須接神，記得在來年正月初四時，把神明和灶君接回來，大年初一到十五之間，也可隨時再安太歲。

49 端午習俗

◎農曆節氣五月五日之後，氣溫逐漸炎熱，百菌叢生、百毒入侵，如不小心就容易中暑、中毒，因此，民間多以端午節為九毒日之頭一天，俗稱『九毒日之首』。

◎為了避邪趕陰，一般家戶門口，都會在端午節當天「午時」，插上由艾草、菖蒲、芙蓉、榕樹枝葉綑綁而成的除穢草，來保居家平安。

◎除此之外，喝雄黃酒、配香包驅毒，以及書寫「午時符」裝入香袋中掛身避邪，也是重要之舉。

◎部分人家也會用加持過的「午時水」來淨身、飲用，不僅袪邪、治病又能保身體健康。

◎家中若有嬰幼兒，可將淨化過的「平安五色線」繫在幼兒身上，消災祈福又保長命。

PS：

★菖蒲形狀像劍，被解讀為有制煞驅邪功能；艾草與芙蓉，民間認為有驅陰效果，榕樹枝葉則有吸陰拔邪作用。

★雄黃，相傳白蛇傳中，許先為了讓娘子現出白蛇原形，曾用雄黃粉摻酒，騙娘子喝下，果然讓娘子現出原形，民間遂以為雄黃可以驅邪制煞，今多用以泡澡淨身或喝飲驅趕邪惡。

★午時符，端午節全年陽氣最旺，午時更甚，據說此時開符最靈驗，尤其是保平安、制煞之符令。

★午時水，午時三刻取、曬半小時，午時五刻收下，水以井水、山泉水為主，若能取大甲鐵砧山劍井之水更佳。

★五色線，即以金、木、水、火、土五種顏色之細線，編成一條粗線，又稱「長命縷」，主要繫在八歲以下小孩腳踝處。

50 辭祖觀念與儀式

古云：生為夫家人，死為夫家鬼，不論信何宗教，只要嫁到夫家，就受夫家公媽保護與約束，萬一離婚或夫死再嫁，都必須辭祖。

女性出嫁時必須辭退自己本家的祖靈，因為結婚當日男方到女方家中迎娶新娘時，新郎便與新娘一起持香答謝女方祖先，並同時辭謝女方祖先，因此新娘在踏出門外前，才會用米篩遮頭頂（懷身孕時用雨傘），米篩是保護新娘勿受外靈干擾。這時候的新娘因為已辭本家祖，未拜夫家祖，所以不受任何祖靈庇佑，在踏出本家後，必須雙腳離地，乘坐八人大轎（或六輛禮車），用米篩保護，直到夫家。

之後，便由夫家長輩引領新人正式拜入夫家祖先，如此一來，新娘子便正式成為夫家之人，亦受夫家祖靈的保佑。

但是女性一旦離婚後，若是沒有辦理辭祖程序，原夫家的祖靈仍視她為夫家的媳婦，婦女若再婚或與其他男人在一起，那個男人等於侵犯到別人家的媳婦一樣，祂們會以為該女紅杏出牆，兩人將會受到原夫家祖靈的干擾，而使事業體做不起來，或是一生起伏波折。

因此，女性萬一離婚，就必須辭退男方家祖先，表示往後一切概與男方再無瓜葛。

◎「離婚辭祖」之方式：

○一般皆到男方家，直接向男方祖先辭退，但夫妻雙方離婚，往往鬧得不可開交，要再踏入到男方家，恐怕不容易，因此，民間便有如下幾種辭祖方法，提供參考：

●準備三炷香，當著天呼請夫家祖先到位，然後稟明事由，接著三炷香插地或擲地，頭也不回離去（此乃直接嗆明夫家祖先井水河水互不相干）。

●準備水果、紙錢，到天公廟拜拜。說明妳的出生年月日、住址，本來嫁到某某某的家，但是因為夫妻合不來……等等……的緣故，就此各分東西，請玉皇大帝轉告某某的祖先這件事情，然後擲杯。

要連續三杯聖杯才能起來，代表他們祖先已經收到訊息，完成後燒紙錢就行。

●恭請城隍爺做主見證。

必須撰寫文疏上稟，在文疏上會載明雙方的基本資料，另也包含子女的監護權歸屬，男丁日後傳承夫家祖先香火等重要事情，以及離婚其他條件等等。

※辦理第三種「離婚辭祖」之科儀，必須準備離婚協議書三份（影印本）前來，若是經法院判決而離婚者，則必須準備法院判決書三份（影印本）前來。

※離婚單身（無論辭祖否）或未嫁，往生後都不得入公媽龕，可另立牌位安奉於寺廟、菜堂、靈骨塔或石碇姑娘廟。

51 告陰狀習俗

自古以來，在漢人社會裡，當個人受到壓迫，在「有理無處說、有冤無處訴」時，通常就會求助於神判儀式，也就是所謂「告陰狀」。

告陰狀有兩種做法：

第一種是公開地在民眾面前放告，一般有斬雞頭、攔神轎之方式。

第二種是私下放告，即書寫「牒文」上稟冥界諸神。

神判儀式主要處理的是人與人、人與鬼之間的糾紛，包括民事案件、刑事案件、無法偵破的案子、疾病等，而供奉城隍爺、東嶽大帝、地藏王菩薩和大眾爺之寺廟，都是神判儀式舉行的主要場所。

信眾若蒙受冤屈欺凌又無能對抗、無處申辯時，可提供相關書面資料及單據，委請道場執事人員，將事情原委書寫於「牒文」內，並恭請森羅寶殿「閻羅天子」、「都城城隍威靈公」做主，諸位冥將幫忙，為信眾申張正義，懲治惡人。

「牒文」之內容必須據實以告，若有隱瞞或浮報之情事，則上稟牒文之信眾，將會受到嚴懲及反噬，慎之。

52 孤鸞年與孤鸞日

孤鸞年

什麼是孤鸞年呢？依據中國古時傳說，就是在一年之中有兩個立春的節氣，該年就稱之為孤鸞年，因為當年有兩個立春，所以隔年便會出現沒有立春的現象，這一年就是俗稱的寡婦年，而凡是遇到孤鸞年和寡婦年，都不適合結婚，否則夫妻容易生離死別。

但事實上，這些傳說都是沒有根據，以訛傳訛造成今日人人敬而畏之，一碰到這兩年就怕得不敢結婚，最重要的是，一切禍福均掌握在我們個人手中，而非取決於兩個立春的孤鸞或沒有立春日的寡婦傳說，因此孤鸞年和寡婦年不能結婚的說法都是不對的。

另外，日本人也有孤鸞年的說法，與中國的孤鸞年論法有別，日本的孤鸞年，相傳是六十甲子的「丙午」年，他們迷信娶「丙午」年出生的女子，會使丈夫早死，後來以訛傳訛，竟演變成遇到「丙午」年結婚會使丈夫早死，所以，日本人後來就稱「丙午」年是孤鸞年。

孤鸞日

孤鸞日一說來自八字學，主要是說，在「乙巳」日、「丁巳」日、「辛亥」日、「戊申」日、「甲寅」日出生的人，日主都是屬於八字神煞中的孤鸞日（或稱呻吟煞、孤鸞寡鵠煞），這些人在一生婚姻上，大多比較不平順，甚至會有生離死別的狀況。

為何這些日子會稱為孤鸞日，以八字學來說，主要是日主自坐「傷官」或「比劫」而來，因為八字女命夫星叫做「正官」，「傷官」會不利夫，「傷官」跑到日主地支的「夫妻宮」，就容易影響夫妻感情。

同理，八字男命妻星叫做「財星」，「比劫」會不利妻，「比劫」跑到日主地支的「夫妻宮」，就容易影響夫妻感情。

後人就將這些日子稱為「孤鸞日」，不僅在這些日子出生的人，須注意感情問題外，也有人結婚時，會避開這些日子。

俗諺：木火蛇無婿
金豬豈有郎
土猴常獨臥
木虎定居霜

53 百日對年祭拜方式

○百日是從往生的當天開始算起，往生當天就算第一天，這天我該準備哪些東西祭拜？

○百日祭拜所需準備的物品有：

◎銀紙（大銀、小銀都可以，數量不限）。

◎壽金跟刈金各兩只。

◎四果（四種水果，圓的水果比較好，例如蘋果、水梨。記住！釋迦、芭樂不可以祭拜！）。

◎三牲（葷或素都可以）。

◎十二碗菜。

○該如何祭拜？時間？方式？

◎百日當天的祭拜要在下午五點以前祭拜完。

◎百日的祭拜要以牌位為主！

◎牌位若是在家中的話就在家裡祭拜，如果可以請老師來誦經的話會更好。

○人往生之後，有幾個重要日子是一定要祭拜的。

★生、忌日（只需要祭拜第一年，需要準備的祭拜物品有：豬腳、蛋、四果、飯菜、三牲，不可祭拜麵線）。

★百日（如上述所說的）

★對年（祭拜方式以及準備的物品跟百日一樣，不過對年可以不用準備四果）

往生者還沒有對年之前，有幾個地方要記得！

1. 每逢農曆的初一及十五都要拜早晚飯。

2. 有需要祭拜的節日，都要提早一天先祭拜。

3. 端午節不可以買肉粽，過年時不可以買年糕。

54 對年合爐祭拜提示

◎往生後第一年祭拜亡者，須在隔年農曆過年後、春社前。

◎往生後第二年祭拜亡者，須在隔年春社後、清明前。

◎往生第三年及以後祭拜亡者，多以清明當天祭拜。

◎往生後滿一年須做「對年」，做完對年，滿三年再做「三年」與「合爐」；或擇一個吉日做「三年」與「合爐」。

◎做「三年」與「合爐」可以同一天做，在往生者還未「合爐」（與公媽團圓）前，家中公媽都不能隨便亂動。

55 如何才能桃花朵朵開

◎桃花位尋取

地理（陽宅）二十四山中，子、午、卯、酉四正位被稱為「桃花位」，又稱為「沐浴位」，主助人桃花姻緣，但也容易引來爛桃花、桃花劫，甚至桃花煞，因此，桃花位的選取和擺設，便需要相當謹慎。

⊙住家桃花位：

1. 坐北朝南：西方。
2. 坐南朝北：東方。
3. 坐東朝西：北方。
4. 坐西朝東：南方。

※四隅位以靠近哪一個四正位來論。

⊙個人桃花位：

1. 屬猴、鼠、龍之人：西方。
2. 屬虎、馬、狗之人：東方。
3. 屬豬、兔、羊之人：北方。
4. 屬蛇、雞、牛之人：南方。

※桃花位的選取，分為「本命桃花位」、「宅桃花位」、「流年桃花位」三種，左右涵蓋範圍約三十度。

※本命桃花位：以本人生肖為主，求取十二長生的沐浴位，即是此人的本命桃花位。

生肖亥、卯、未的本命桃花在子（北方）。
生肖申、子、辰的本命桃花在酉（西方）。
生肖巳、酉、丑的本命桃花在午（南方）。

生肖寅、午、戌的本命桃花在卯（東方）。

● 桃花位可以擺放鮮花，並用一張「求姻緣桃花符」，加上去月老廟宇求的姻緣線紅線，連同符令用夾鍊袋裝好，放在花瓶底下求姻緣。

※ 鮮花和水務必經常換，不可讓水發臭、鮮花枯萎，否則易變爛桃花。

※ 桃花位忌放假花，易引來虛情假意桃花，亦不可放空花瓶，恐讓桃花不結果。

56 鬼擋牆與鬼上車處理方式

◎ 何謂鬼擋牆（鬼打牆）：

車子行經某路段，無緣無故找不到出路，或在某路段一直繞來繞去、像進入迷宮般，無法找到出路稱之。

鬼擋牆現象通常發生在山區人煙稀少道路，但也有少數發生在都市人口集中的路上，且多集中在深夜人車較少的時刻。

◎何謂鬼上車：

鬼上車通常肉眼看不到，多是很明顯感覺到車子（摩托車）突然變重，加油比較吃力，此時已碰到鬼上車。

半夜開車較容易碰到鬼上車，尤其行經人煙稀少處，或不乾淨路段。

★會碰到鬼擋牆、鬼上車事件，通常都是氣比較虛、注意力較渙散，或運勢較低的人，甚至有些人還會半路看到鬼魂。

◎鬼擋牆如何處理：

1. 宜保持冷靜，千萬不可慌張，尤其半路看到鬼魂，一慌張很可能會造成車子失控，發生車禍。

2. 將車子慢慢減速、停靠路邊，藉以沉澱思緒。

3. 與無形溝通（可下車或不下車），曰「天無忌、地無忌、年無忌、月無忌、日無忌、時無忌、百無禁忌，各位過往和路過的好兄弟在上，陽世人XXX今夜路過此地，不小心打擾到各位清淨，感到非常抱歉，希望各位通通融，給個方便，讓小弟馬上離開此地，感謝再感謝」。

4. 若對方仍不理，可撒「車路金」給好兄弟花用（通常不撒冥紙，因為未經燒化，對方一定收不到）。

5. 若還是無效，可催唸「六字真言」（南無觀世音菩薩、南無阿彌陀佛、嗡嘛呢叭咪哞……），或催唸「咒語」，請對方離開。

★通常經過禮貌性對待，見鬼情形多會自動消失，除非真的被玩弄到無法脫困，否則千萬不要當場謾罵，或以灑尿方式抗議，有時候反而會遭到更不良後果。

◎鬼上車如何處理：

鬼上車通常都是「搭便車」而已，遇到這種情形千萬要保持冷靜，對方到了想去的路段，自然會下車，如果心生畏懼，反而容易出車禍。

★還有，遇鬼擋牆、鬼上車、半路見鬼之信眾，切記安全之後，必須淨車，才能圓滿。

◎如何淨車：參考本書淨車方法。

◎平時如何預防半路見鬼、鬼擋牆、鬼上車：

1. 車上貼符，最常見之符令為「開車大吉」符。

2.車上掛制煞物，如「平安符袋」、「小羅盤」、「佛珠」等等。

★何謂車路金：

專為長年駕駛汽車之信眾所提供，以免夜深人靜、陰風狂雨行駛於荒郊野外或危險路段，不幸遇上孤魂野鬼阻擋去路時，敬獻之金紙，藉以佈施路魂，使期能得此金銀財寶，早日前往極樂世界。

車路金與其他金紙最大不同處，是車路金不須燒化，只要隨車攜帶，遇到狀況時，將之直接往車外拋出數張即可。（近來因為環保意識高漲，拋車路金方式已較為減少）

57 民間習俗求財補運方法

◎五路財神哪五路：

東路財神招寶天尊蕭升、西路財神納珍天尊曹寶、南路財神招財使者鄧久公、北路財神利市仙官姚少司、中路財神玄壇真君趙公明。

◎最適合拜財神日子：

1. 大年初五迎財神：

為傳統迎財神日子，利用此日慎重請迎財神到家裡做客，通常會有意外效果。

2. 農曆三月十五日財神爺聖誕：

為武財神趙王爺壽誕，於此日備慶生供品為財神慶生，可為個人開財運。

3. 傳統八大節氣日：

配合日、月、地球運行磁場，氣候更替，主人八字天命，後天姓名，取五行穀物，古錢幣，擇良辰吉時，運用傳統法術，可以祈求財神賜福。

※八大節氣日：

上元節、中元節、下元節、端午節、中秋節、大年初一、立夏、冬至。

◎拜財神備用物品：財神喜歡甜，故甜茶、糖果不可免。

1. 大年初五：

鮮花、蠟燭、發糕、五果、茶、金紙（太極金、天尺金、壽生、財神寶衣、發財金、財神金、壽金、四方金、福金）、迎財神文疏。

2. 財神生日：

壽麵、壽桃、紅圓、發糕、鮮花、蠟燭、五果、茶、金紙（太極金、天尺金、壽生、財神寶衣、發財金、財神金、壽金、四方金、福金）、財神聖誕文疏。

3. 八大節氣日：

依各節氣，備用物品有所不同。

◎拜財神最佳方式：

六炷香，男跪左腳、右腳抬起平跪（女相反，此為最敬跪拜禮）。

◎家中供奉財神：

最好不單獨一尊（只奉財神），也不可一次供奉五路財神（五尊），因家中安神不宜超過三尊，若安三尊，財神通常安在龍邊。

◎最快速招財密法：

1. 選擇即將到來之八大節氣日：立夏。
2. 備紙金元寶七顆、五行穀物（白米、綠豆、紅豆、黑豆、黃豆）各七粒、古錢幣七個（須開光）、七炷香、祈祝禱文一張、招財符一張（依各人資料催畫）、金紙一份。

3. 至財神廟獻供。（唸祝禱文）

4. 招財符與古錢幣繞財神爐三圈。

5. 化金紙。

6. 招財符帶身。

7. 古錢幣放置家中聚寶盆內。

◎聚寶盆安法：（參考本書安聚寶盆章節）

1. 備聚寶盆一個、五色細水晶石些許、五色水晶球、五帝錢、財神符一張。

2. 開光五色水晶球、五帝錢。

3. 依序將五色水晶碎石、五色水晶球、五帝錢、財神符放入聚寶盆中。

4. 選家中聚財方安放聚寶盆。

◎食補法增財氣：

1. 備豬腳一隻（剁成塊）、黑棗七粒、紅棗七粒、生薑七片、四神一包、四物一包，以七碗水熬成一碗，選立夏吉時飲用，可增個人財氣。

2. 備菊花28朵、米28粒、紅棗七粒、黑棗七粒、於立夏吉時泡開水飲用，可增財福。

★為何選立夏？因為八大節氣、地球磁場受太陽、月亮影響最大，利用這個時候補身體的氣最佳，人一旦氣運順，財富自然跟著來。

第五章

參考習俗

58 蠱術與降頭術之謎

蠱術

根據民間傳說，巫蠱之術從秦漢時期就有了，而且漢朝的法律和唐朝的法律都明令禁止過巫蠱之術。比如漢朝的法律規定如果某個人家裡飼養的蠱蟲已經成形，並且會致人死亡，那這個人要處以極刑，家人流放三千里。

唐朝也做過類似的規定，飼養蠱未成形者流放，成形者殺頭。

說白點，蠱其實就是一種毒蟲，所謂的巫蠱之術，就是用這些毒蟲的毒素去害人，因為古時候缺乏醫學知識，所以人們才將這一現象和巫術聯繫到一起。

●依照傳說，製作巫蠱方法大致如下：

將蜘蛛、蝎子、蟾蜍、毒蛇、蜈蚣等毒蟲放在一個容器中，密封十天，開封後存活下來的那隻就是最毒的，牠也就是蠱的首選，然後經過特殊飼養最終就是蠱，把牠的糞便放在他人家的水井或糧食裡，吃了的人肚子裡就會長蟲，慢慢身體虛弱而死。

蠱，音同古，相傳是一種人工培養而成的毒蟲。傳說放蠱是我國古代遺傳下來的神祕巫術；過去，在中國的南方鄉村中，曾經鬧得非常厲害，談蠱色變。文人學士交相傳述，古書典籍也儼然以為有其事；一部份的醫藥家也以其為真，記下一些治蠱之法。

●製蠱法：

多於端午日製之，趁其陽氣極盛時以製藥，是以致人於病、死，又多用蛇、蟲、蜈蚣之屬來製，一觸便可殺生。

蠱之種類有十多種：包括蛇蠱、金蠶蠱、篾片蠱、石頭蠱、泥鰍蠱、中害神、疳蠱、腫蠱、癲蠱、陰蛇蠱、生蛇蠱……、等等。

其餘也有些特殊的，大概如下：

○癲蠱：傳說多是壯族所為，把蛇埋土中，取菌以害人。

○疳蠱：又謂之「放疳」、「放蜂」。據說，兩粵的人多善此法。方法是：端午日取蜈蚣和小蛇、螞蟻、蟬、蚯蚓、蚰蠱、頭髮等研末為粉，置於房內或箱內所刻的五瘟神像前，供奉久之，便成為毒藥了。

○泥鰍蠱：將泥鰍及竹葉和蠱藥放水中浸之，即變有毒的泥鰍。

○石頭蠱：用隨便的石頭，施以蠱藥而成的。

○篾片蠱：將竹片施以蠱藥後便成。

○金蠶蠱：據說這種蠱不畏火槍，最難除滅，而且金蠶蠱還能以金銀等物嫁之別人。

《嶺南衛生方》云：製蠱之法，是將百蟲置器密封之，使牠們自相殘食，經年後，視其獨存的，便可為蠱害人。

降頭

降頭術，其實所謂降頭，很像過去苗疆的蠱術，不過主要是在東南亞地區流傳罷了；據說，流傳南洋一帶的降頭術，家傳戶曉，不論層次、階級、仕女，無不驚奇其術其事的。因此，舉凡孩子啼笑反常，夫婦口角反目，丈夫別戀，家庭骨肉不睦，老幼奇異病痛，精神病狂，財運停滯，事業不振等，無不與降頭扯上關係，甚至要求降頭師作法醫治。

南洋的降頭術，據民間傳說，是從印度教傳來，當唐朝三藏法師到印度天竺國拜佛求經，取經回國時，路過安南境內的通天河，即流入暹羅的湄江河上游，為烏龜精化渡船至半邊潛入河底，想害死唐僧，後唐僧雖不死，但所求的經書都沉入河底，幸得徒弟入水撈起，但僅取回一部份大乘的「經」，另一部份小乘的「讖」，被水流入暹羅，為暹人獻予暹僧皇，聽說這部「讖」就是現在的降頭術。

另一說法，這部「讖」的正本，流入雲南道教的道士手中，遂創立一派「茅山道」，茅山的法術和降頭術因此而來，而手段比較高強，所以有人說，暹邏的降頭術，是從中國的雲南傳來的。

又有人說，暹邏的降頭術是「讖」的偽本，或手抄副本，其中缺少許多正術，所以功力比茅山弱。

中國古書記載：「茅山」是中國江蘇省金壇縣西北的一個山名，原名是「曲山」，漢朝的茅盈和他的兩個弟弟茅固、茅裡來此山居住，世人稱他為「三茅君」，並稱這山為「茅山」，茅山術就是三茅君所創的。

又有人說，茅山術是張天師「五雷正法」以外的道家另一支派，亦即是「南法」

的一種，而據說「圓光術」、「祝由科」等術，都是這茅山的術法。

到了宋朝，宋人筆記中，頗多關於茅山邪術的記載，可知當時茅山術是相當流行民間；此後華僑南渡日多，就利用它來抵禦「降頭術」的侵害。

而根據中國歷史記載，茅山法術是發明在漢朝，依傳說：降頭術是唐三藏西天取經，被取沉遺的「讖」。不管它是否屬實，可見降頭術的發現，較之茅山術為後，由此，大概可斷定茅山術必較降頭術為高明，應是理所當然。

59 雙姓公媽

◎雙姓公媽顧名思義就是家裡供奉兩個祖先牌位，筆者幫人安公媽時，最多曾經看過家裡擺了四個祖先位，問了當事人，卻說不知來龍去脈，一般來說，家中只要供奉兩個以上的祖先牌位，就容易產生家裡成員不和現象，嚴重時還會造成家運不順、子孫病痛多等等情事，非必要，家中最好只留下一個祖先牌位。

◎遇到家中雙姓公媽時，一般都會請老師處理，請當事人決定留下哪一姓公媽，或是留下本姓的公媽，也有以擲筊方式請示兩個公媽，看哪一個想留下來，另一個則選擇良辰吉日，請到佛寺或菜堂供奉。

◎萬一遇到兩個公媽都想留下來，或主人家想自己安雙姓公媽時，則必須不分大小，安兩個公媽龕、公媽爐，且一律奉在同一個供桌上，主姓靠神明、另一姓安在旁邊，中間以七吋紅絲線隔開，代表井水不犯河水，拜拜時，也須準備兩份供品、兩份金紙，反正不能大小眼就對了。

60 鬼月習俗

◎鬼月由來：

一般來說，鬼月的由來，是佛陀弟子目蓮尊者的故事，因為目蓮想念過世的母親，不忍看到母親因在世時貪念業報，死後墮落在惡鬼道，在地獄裡遭受餓鬼吃不飽的苦刑，於是在每年農曆七月十五日備百味五果，舉行法會，誦經施食其他餓鬼，終於解救母親的靈魂，後來民間遂以七月例行舉辦各種法會儀式，來普施無主鬼魂。

◎祭拜好兄弟時間：

1. 祭拜日期：農曆七月一日、七月十五日、七月二十九日。

2. 祭拜時間：下午三點以後—晚上七點以前。

◎如何祭拜好兄弟：

1. 備用物品：一般罐頭、乾料、米糧、豬、羊……越少越好，以免好兄弟食髓知味、賴著不走。

2. 金紙：四方金、銀紙、往生紙、更衣等等。

3. 方法：供桌需擺在門外、頭頂天處，人亦須站在門外、頭頂天處、面向外面。祭拜時可以唸出自己名字（陽世人XXX），但切記不報地址、生辰八字。拜完後，每一項供品都須插香，讓好兄弟都吃得到，香過半、化金紙。

◎鬼月禁忌：民間習俗，鬼月禁忌多，列舉幾項重要忌諱供參考

1. 忌半夜晾衣服：濕衣服容易讓游離電波附著，鬼魂有陰氣、靜電，且喜歡穿人衣，愛附在衣服上。

2. 女性生理期少祭祀：女性生理期易引起身體不適、氣場不穩定，遇到大型祭祀（例如普渡），恐會遭受鬼魂強大陰氣干擾影響，況且生理期身體不乾淨，參加祭祀也易觸怒鬼靈，引來鬼靈不悅。

3. 忌夜半慶生：時下年輕人總喜歡到酒店、KTV 唱歌慶生，時間往往拖到半夜，

農曆七月出生的人，盡量白天慶生，以免引來好兄弟參加，增加不必要麻煩。

4. **忌說「鬼」字：**農曆七月，大小鬼傾巢而出，應以「好兄弟」稱呼、且避免隨口亂說話，尤其是不尊敬的話，小心鬼就在你身邊！

5. **忌亂踩冥紙：**農曆七月，好兄弟搶冥紙搶得凶（因為一年只被放出來一次），燃燒冥紙時，盡量離金桶遠一點，且切忌踩到飛出來的冥紙，以免阻礙好兄弟搶錢行動，惹來好兄弟生氣。

6. **夜間少出門：**尤其氣運低的人，易卡到陰。

7. **忌到人煙稀少或太陰之地：**這些地方陰氣盛，農曆七月更甚，小心卡重煞。

8. **忌夜間梳頭，尤其對著鏡子：**鬼月正「子」時，更忌，以免看到一堆不該看的東西。

9. **忌隨便撿路邊小東西：**運不好的人，有時會請法師改運，將霉運轉移到其他物品上面，並丟棄路邊等人來撿，藉以轉霉運給他人，鬼月尤其不可隨便撿拾，以免惹楣運，遭好兄弟侵擾。

10. 少近海邊、水邊：七月抓交替特別多，少近水以求平安。

◎鬼月如何自求平安：

鬼月經過或遊玩各處景點，應多留意，也有防身辦法。

1. 符令：身上可帶一些符令，例如平安符、保身符、押煞符……等等，防止鬼魂侵擾。
2. 帶艾草、芙蓉等避邪植物，可防身。
3. 制煞物品：帶些開光過的羅盤、麒麟頭、五帝錢、吉祥物，可避邪制煞。
4. 萬一不幸卡到陰、中邪、中煞，必須趕快找法師處理，否則容易出事、生重病。

◎民間習俗鬼月諸事不宜：嫁娶、搬家、旅遊、交車、做壽、土……等等。（但通

書記載鬼月也有好日子）

◎情非得已必須搬家時，先淨宅，再者，所有東西搬入後先不要歸定位，尤其是床（睡容易卡到陰），鬼月一過，另擇日辦入宅、安床。

◎鬼月交車，須先淨車（不論新舊車），然後直接開到大廟求符掛車。

◎鬼月結婚，盡量少鋪張，新宅、新人房、禮車、婚宴場合多貼、掛紅色布幔及紅紙，一來增加喜氣，再者驅煞趕邪。

◎鬼月動土、破土，該祭拜的禮俗一樣都不可少，例如祭山神、土地、地基主、敬拜天地神明等等。

61 清明節禁忌

清明時節雨紛紛，路上行人欲斷魂，借問酒家何處有，牧童遙指杏花村。

國曆每年的四月四日至六日之間為清明節，清明節古時也叫三月節，為二十四節氣之一，過了今天，就是俗稱的農曆三月。

依照古俗，每年的清明節是掃墓祭祖、慎終追遠、對過往祖先表達孝心時刻，因此，清明節一到，家中大大小小就會帶著食物、水果、金紙、鮮花掃墓祭拜祖先。

雖是如此，清明祭祖還是有一些禁忌，萬一不小心犯到，除對祖先、亡者不敬，還可能自染凶災，可謂不可不慎！

◎清明節禁忌多，大體上，提供以下諸多事項做為參考：

◎清掃墓地、整理樹根之前，先用手拜祖先，亦即先告知他們，要為他們整理房子，所以先不要點香。

◎在墓間行走時，欲踏過他人墳墓，需先說「對不起、借過」，否則，會對往生者不敬，氣運弱者會煞到。

◎剷除的雜草，很多人會棄於旁邊的墓，此為犯忌；因為等於把自家的垃圾丟到別人家的道理一樣，對他們不敬，會引起不必要的是非口舌。

◎看到別人墓碑上的照片時，不可指指點點或有遐念或憐憫之心，更不可吐痰或檳榔汁在他人墓地上，此對他人不敬，會引起他的不滿，運勢會衰。

◎燒金紙不要超越到別人的墓，會被別的先人得到。

◎若想小解，不可在墓前或墓後上，否則易被亡魂干擾。

◎若是家族墓，門要打開之前，要先點三炷香向祖先告知，要開門去打掃了，要進去時，在門口要燒七張金紙才進去，此稱為過火。

◎懷孕婦女要避開清明掃墓活動，女性月經來，最好也不要參加。

◎掃墓最好在清晨五點後至下午三點前完畢，因為陽氣已逐漸消退，陰氣逐漸增長，若是時運低的人，很容易會招惹陰靈纏身或騷擾。

◎我國古代把菊花當作寄託之花，掃墓多用菊花。

◎謹慎在先人墓地照相，無論是掃墓者自身合影，還是掃墓者與墓地合影，更忌諱照相時將其他墳墓拍進鏡頭，否則，運勢很可能下降，或被陰魂干擾。

◎自覺運勢較低之人，掃墓前可帶平安符保身。

◎不可隨意跨過墳墓或供品，不可大聲喧嘩，不可隨意亂跑，不可污言穢語，不可評頭論足他人墳墓，否則容易引來麻煩或凶煞。

◎萬一不慎犯了忌，可採墓旁之青草，在口中嚼一嚼後吐掉。

◎如果不幸引來陰魂干擾，務必趕快找法師、道士處理。

62 三魂七魄之說

三魂七魄在科學中至今仍然無法去解釋，但科學家為了證實，人在往生後是否有靈魂的存在，科學家就做個實驗把一個快死的人，放在一個密不通風完成真空的玻璃箱，科學家一直看著這個人，等死去的那一剎那，科學家發現玻璃箱上層出現了一團白霧狀物體，且慢慢消失，此科學家有了新的發現。

但這團白霧狀物體是什麼？是靈魂嗎？還是一些化學氣體？科學家至今也無法證實那是什麼物質，最後的解釋只能說它是一種能量。

三魂是什麼？七魄是什麼？它在民間有幾個說法：

三魂是指：

◎胎光、爽靈、幽精。

◎天魂、識魂、人魂。

◎主魂、覺魂、生魂。

◎元神、陽神、陰神。

大致上分為這幾種說法，其實這幾個名稱大同小異，只是種說法。

這三魂各有它們的主宰，分為：

主魂主宰：思想、學習、精神、行為的能量。

覺魂主宰：感官神精、觸覺、聽覺、嗅覺、視覺。

生魂主宰：肉體上的生機。

據說世界上的生物，只有人類有這三種魂；動物只有兩種魂，分為生魂、覺魂；植物只有生魂。

63 蔭屍與豆腐屍

◎常常聽人講，什麼是「蔭屍」？

蔭屍顧名思義就是屍體埋在地下後沒有完全腐爛，骨頭外層還留有乾枯的肉或外皮，看起來像是木乃伊。

豆腐屍則是棺木內進水，導致屍體泡在水中沒有腐爛，日久之後，屍體腫脹像豆腐，一摸就破。

古時稱蔭屍或豆腐屍將會造成子孫運勢不順，嚴重時還會家道中落，家族中有人身體出問題或意外、病故，禍延數代。

會發生蔭屍或豆腐屍，一般都是棺木出問題居多，有些家族講究棺木材質，會用高級木料或銅器做棺，屍體下葬多年，棺材不易腐敗，加上排水孔堵塞或根本未留排水孔，棺內過於密閉或下雨時雨水無處宣洩、積留棺內，久而久之，便連帶使得棺內屍體形成蔭屍或更嚴重的豆腐屍。

欲處理蔭屍或豆腐屍，須將棺內水份排出，再把大量的菜丟入棺內，然後蓋回棺木重新掩埋，等一段時間後屍體腐爛得差不多，再掀開棺木，請土公仔將屍骨取出，帶回整理，然後選一良辰吉日，重新下葬或安放在納骨塔。

64 民間道法祭關煞要領

◎**生命劫數**：祭三世因果＋退煞血符（蓋中指血）。

◎**孤辰、寡宿、孤鸞、紅豔、勾絞、陰錯陽差煞**：補姻緣桃花＋桃花符。

◎**紅鸞、天喜、沐浴、咸池**：補姻緣桃花＋姻緣符。

◎**太歲、歲破、月破、日破：**安太歲或補運＋押煞符。

◎**病符、喪門、死符：**補運＋病符符、喪門符、死符符或元辰符。

◎**五鬼、官府：**祭官府（司）＋制小人符。

◎**隔角、箭刃、飛刃、羊刃：**補運＋制小人符。

◎**箭刃、飛刃、羊刃、血刃、八字（寅、申、巳、亥）反吟：**祭車刀關＋押煞符或五雷符。

◎**天狗、白虎：**祭天狗、白虎＋天狗符、白虎符或押煞符。

◎**空亡、亡神：**補運＋元辰符。

◎**八字天羅地網（見辰、戌）：**祭冤親債主＋五雷符。

◎**八字魁罡：**男性祭三世因果＋制小人符；女性補姻緣桃花＋姻緣符。

◎**災煞、劫煞：**祭三世因果＋押煞符。

◎**八字反吟、伏吟：**補運＋押煞符。

◎**流霞：**補運或祭冤親債主＋安胎符。

◎**六厄：**補運＋元辰符。

◎**墓庫：**補運＋押煞符。

◎**退神：**補運＋貴人符。

65 年節開運祈福一覽

◎正月十五日 祈福開運法會（天官大帝）。

◎二月初二日 迎春納財法會（福德正神）。
◎三月十五日 永保安康法會（保生大帝）。
◎三月初三日 除穢祛病續命法會（玄天上帝）。
◎四月二十六日 事業興隆法會（神農大帝）。
◎六月十五日 卸化因果法會（城隍尊神）。
◎七月十五日 解冤赦罪法會（地官大帝）。
◎八月十五日 求緣求子法會（太陰娘娘、月老星君）。
◎九月初九日 家運興隆法會（天上聖母）。
◎十月十五日 解厄補運法會（水官大帝）。
◎十一月冬至日 求財開運法會（五路財神）。
◎十二月初八日 延年益壽法會（玉皇上帝）。
◎天赦日求財開運祈福解冤赦罪法會（玉皇上帝）。

第六章

常用疏文範本

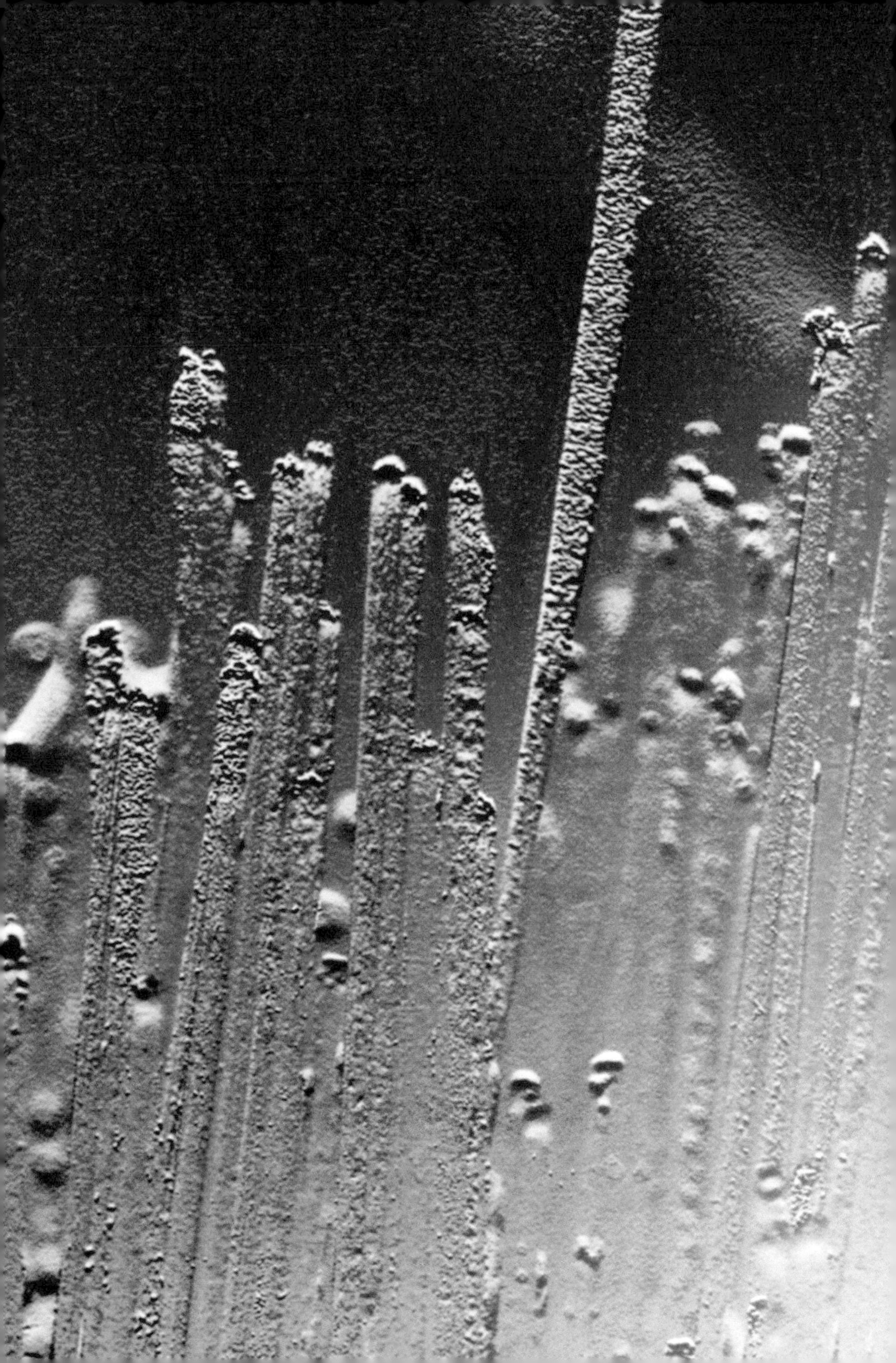

常用疏文範本

A 祈祝禱文

叩稟堂上佛聖仙神金蓮寶座聖鑑至心朝參拜獻
東方甲乙木　木德天官招財進寶財神
西方庚辛金　金德天官利市仙官財神
南方丙丁火　火德天官祿貴招財財神
北方壬癸水　水德天官金庫招財財神
中央戊己土　土德天官賜福招財財神　金蓮寶座　洞鑑
茲因今逢立夏節氣交序之節
士
信　：　　生於：農曆　年　月　日　時　現庚：
女
宅居：

今謹獻供祈福金寶　弟子信士／女：　一心誠敬誠惶誠恐

稽首頓首　盼祈

香通三界　氤氳紫霞　依仿古禮　祈賜

天官財神　庇佑　賜福長春　廣增添旺財氣　助旺財富　造命開運

趨吉避凶　能得　天官賜福　祿馬大進　庭園光彩

吉祥如意　四季平安　財喜遂願　財盈五路　庫滿堂豐　化開歲煞

劫財　勞而無功　英雄氣短　有志難伸　人情反覆　事端叢生

財祿無成　財氣休囚　防患歲運　剋洩交加　刑沖破局大耗　破庫

佑庇　元神光彩　乾元亨利貞

上申

立疏叩求人　信士／女：　感謝神恩

天運　年　月　日　焚香叩首具疏

B 祈求五路財神賜福賜祿疏文

伏　以

聖德威靈招百福，求之即應，神恩顯化除千災，感而遂通。　今有

信　士
　　女：　　　生於：農曆　年　月　日　時生

宅居：

謹於　年　歲次　年　月　日之良辰吉時，

虔備金銀財寶，並修疏文一封，敬獻於

財神星君合壇尊神聖前曰：恭請

中路財神：玄壇真君趙公明

東路財神：招寶天尊蕭升

西路財神：納珍天尊曹寶

南路財神：招財使者鄧久公
北路財神：利市仙官姚少司
及十方五路送財童子、竇虎將軍，駕臨神壇。
受善信：　　　　　　及闔家人等，虔誠敬奉。祈求神光普照，臨宅庇蔭，鎮宅
光明，平安如意。
並祈貴人顯助，祿馬扶身，所到之處，方方皆利，財源廣進，富貴興旺。正
財偏財齊臨門，福祿壽喜同進宅。
奉到祈安
財神星君，植福保泰。上求天恩，下保民泰。敬呈疏表上干
聖鑑　伏願
玉宸洪惠，除惡咎於無形，聖靈顯赫人安泰，
金闕至仁，註善果於有司，災患消除財常來。

更祈

天官賜福，地官赦罪，水官解厄，財神降臨，家宅清吉，人丁平安，諸事順美，

命基永固，凶星退散，吉宿進宮，貴人扶持，元辰光彩，祿星高照，諸善同臨。

恭此

上奉　伏望

聖神照鑑　　　善信：　　　及闔家人等　叩謝神恩

天運　年　月　日　　　　焚香叩首具疏

C入宅（厝）祈求賜財賜福平安疏文

伏　以

今日　年 歲次　年　月　日　時之

良辰吉日

信　士
　　：
女

宅居：

誠心誠意，敬備三牲酒禮、五果金香，拜請

昊天金闕玉皇大天尊

福德正神

五路財神

天兵天將
十方神明
臨宅庇蔭，伏望哂納，庇佑弟子，在此
大吉大利，闔家平安，財源廣進，大進大發，
福澤綿長，大降吉祥，星光永明。
謹疏
上申
立疏叩求人：　　感謝神恩
天運　年　月　日　　焚香叩首具疏

D中路財神趙元帥聖誕疏文（家宅用）

伏以

年　歲次　年　農曆　三　月　十　五　日

欣逢

正一福祿財神真君聖誕之良辰吉日

信　士
女　：農曆　年　月　日　時生

宅居：

謹具香燈果品，齋蔬妙供，並修疏文一封，誠心誠意，敬獻於

正一福祿財神真君位前曰：

財神真君壽無疆，瑞氣祥光照四方，

財源慶豐五路進，神通廣大十方仰。

茲恭逢天誕佳期，民及闔家人等在此焚香化疏，恭祝

玄壇元帥聖壽無疆，並祈臨宅庇蔭，伏願尊駕默佑民等

闔家平安，萬事如意，四時有慶，八節無災，財源廣進，事業順利，家道興旺，

納福迎祥。恭此

上奉　　伏望

聖神照鑑

信 士
　 女：　　叩謝

闔家人等　神恩

天運年三月十五日　　　　焚香百拜　具　疏

E 安奉流年太歲星君疏文

伏　以

馨香一炷，仰叩鴻恩。今有

信　士
　　女　：農曆　年　月　日　時生

宅居：

謹訂於　年　歲次　年　月　日　時之良辰吉日，

敬備香燈果品，齋蔬妙供，沐浴齋戒，誠心誠意，安奉太歲。

恭請

年值年太歲星君　　大將軍坐鎮本宅

受善信及闔家人等虔誠奉敬叩求

年值年太歲星君大將軍

神光普照，鎮宅護主，協護家神及祖先，並祈闔家平安，

家人學業、事業順利，財源廣進，納福迎祥。

神靈顯赫家安泰，

無災無禍福常來。

恭此

上奉　伏望

聖神照鑑

善信：　叩謝

闔家人等　神恩

天運　年　月　日　焚香叩首具疏

F 謝太歲疏文（家宅用）

伏 以

年 歲次　年 農曆　月　日

恭逢歲末，良辰吉日，天地開張，萬事大吉昌

弟子　　農曆　年　月　日　時生

宅居：

謹虔具香燈果品，齋蔬妙供，並修疏文一封，誠心誠意，

敬獻於

年 太歲星君　　大將軍

感謝一年來的庇佑照護，如今功德圓滿，敬請回歸

天庭本位，特此叩謝，感謝，感謝，再感謝。

恭此

上奉　　伏望

聖神朗鑒

信士 : 女　　叩謝

神恩

天運　年　月　日　　焚香叩首　具疏

G謝太歲疏文（公司用）

伏　以

年歲次　年農曆　月　日

恭逢歲末，良辰吉日，天地開張，萬事大吉昌

公司名稱：

公司地址：

公司負責人信士
女：

農曆　年　月　日　時生

謹虔具香燈果品，齋蔬妙供，並修疏文一封，誠心誠意，

敬獻於

年 太歲星君　　　大將軍

感謝一年來的庇佑照護，如今功德圓滿，敬請回歸

天庭本位，特此叩謝，感謝，感謝，再感謝。

恭此

上奉　伏望

聖神朗鑑　　　　　　　　叩謝

公司名稱：　　　　　　　神恩

負責人 信 士
　　　　女：

天運 年 月 日　　　焚香叩首 具疏

H九天玄女進香謁祖參拜疏文

伏　以

年歲次　年　月　日之良辰吉日，

今有單位：　弟子　道號

率全體皈依弟子及善男信女等，叨逢盛世，忝列玄門，

感天地載覆之洪恩，荷日月照臨之厚德，知恩有萬，

報答無一，謹誠心淨心敬備香花水果、金銀財寶之儀，

恭修疏文一封，誠心誠意，拈香敬獻於

九天玄女娘娘懿前曰：

天恩浩蕩惠家邦，瑞氣祥光照四方，

祕術道法救危難，扭轉乾坤德益彰。

伏祈

九天玄女娘娘及列位尊神鑑納微誠，

賜祉降祥，神力護民，默佑民等，闔家平安，

四時有慶，八節無災，財源廣進，事業順利，

家道興旺，納福迎祥。

恭此

上奉　伏望

聖慈朗鑑

弟子：　　道號　　叩謝

率全體皈依弟子及信眾人等　　神恩

天運年月日　焚香百拜

Ⅰ皈依九天玄女娘娘宣誓疏文

伏　以

聖德懷惻隱教育群生立大德

神仙抱仁慈化濟眾庶建奇功

今　據

臺灣省　　推薦新門生

居住於　省市　縣區　鄉鎮市　路街　巷　號　樓　吉宅

本命生於　年　月　日　時　生

現庚　歲　上屬北斗　星君主照

帶引舉行皈依之宣誓

竊自無始以來　愚等沉迷苦海　流浪三途大道　未得還原極樂　今幸歸入道門

得　　　開示　　皈依

祖師　九天玄女娘娘座前　賜予道號　　　　　慧燈遞接　心印五術法術相傳　凡

智愚高下　咸登道岸　自感天恩師德鴻慈　永銘五內　皈依之後　自我勤於修心養性

守孝悌　知禮儀　懺悔前罪　培植後德　盡忠職守　不做違背良心之事　以期超凡入聖

圓通證果

懇　祈

玉帝准於天榜註籍　聖光普被　原靈清淨　證果有日　倘若

有違　聖規誓言　願受天譴　絕無異言　恐口無憑　特

呈疏文為證　謹誓

恭　呈

九天玄女娘娘座前

恭　惟

萬靈洞鑑

鑑誓人　　道號

宣誓人

天運歲次　　年　　月　　日

J 安奉禮斗祈福疏文

伏　以

聖德巍峨保百姓，有求必應，

神恩浩蕩護群生，賜福降祥。

今有

善信：　　　農曆　年　月　日　時生

宅居：　省　市縣　區鄉鎮　路　段　巷　號　樓

及闔家眷屬：

．　年　月　日　時生　歲

．　年　月　日　時生　歲

．　年　月　日　時生　歲

．年　月　日　時生　歲
．年　月　日　時生　歲
．年　月　日　時生　歲
．年　月　日　時生　歲
右列善信民等諸元神，叩聖許神，禮斗宣經，為求消災延壽賜福，
謹虔具香花果品，齋蔬妙供，並修疏文一封，誠心誠意，敬獻於　宮
等諸賢聖前
伏　祈轉　奏
昊天金闕至尊玉皇上帝　御陛下，五斗星君及列位聖神，
俯納微儀，默佑善信及闔家人等，禍患退避，災厄消除，四時納福，
八節迎祥，老幼康寧，家道興旺。爾今爾後，惠保無疆。恭此
上奉　伏望
聖神朗鑑

信士
信女：　　　　叩謝

闔家人等　　神恩

天運　年　月　日　焚香叩首具疏上申

K 拜玉皇上帝疏文

伏　以

聖壽無疆統理乾坤生萬物
民心有賴宏施宇宙定三才
德庇群黎同天地長春不老
道通三界運陰陽攸久無疆
浩蕩三界　磅礡運四時
陰陽皆掌握　凡聖盡歸依
帝德浩大　道法至尊　管轄宇宙　統攝乾坤　鎮坐昊天金闕　永證妙相金身玉皇帝
生三界陰陽　人道化育　四大神洲　含靈大地普濟民心　有賴華封三祝慶賀　聖壽無疆
謹啟

今據 南贍部洲

蟻民：　　農曆　年　月　日　時生

宅居：

本月初九日迺是 玉皇上帝聖壽之期 眾等虔備香茗 素果

恭焚寶燭 真香 報答聖恩恭謝帝德一心拜獻

太上無極聖祖真空三寶如來

諸佛聖賢護法韋馱諸天菩薩 上中下界一切神祇同降齋筵，普伸供養 慶祝以

後 惟願佛國清寧上祝福壽 闔家眷屬保安康 風調雨順 國泰民安 家家無饑饉之憂

戶戶有食箱之積，更祈齋主等壽山永固 福海添波 吉星高照於命宮 瑞氣長圍於門

座 當庭肅穆 老幼安寧 人人修行有分進 道無魔考 參禪悟道 早得心花 性地開通

道果圓成 求財者財如天上春雲集 求利者利似長江活水流 凡在四季之中 悉皆萬

全之庇順

須至疏者 謹疏上獻

恭此

上聞

天運歲次　　年正月初九日　　蟻民　　叩首禮拜

註：每年農曆正月初九日為「玉皇上帝寶誕」，依習俗，在正月初八日的23時拜天公，意思是在正月初九的子時就祭拜，有些人改在正月初九早晨到廟堂以祭拜。

※備鮮花、五果、香茗（清茶）、壽麵、壽桃（麵龜）、拜天公金紙、米杯（插香用），更慎重者會備玉皇上帝萬壽疏文，設案於見天不頂天處。

※於正月初八晚上十一點（初九子時）起開始祭拜。

L至尊玉皇上帝萬壽疏文（家宅用）

伏　以

年　　月　　　日歲次　　年 農曆 正 月初九日欣逢

昊天金闕至尊玉皇上帝聖誕之良辰吉日

弟子：

（農曆）　　年　　月　　日　　時生

宅居：

謹具香燈果品，齋蔬妙供，並修疏文一封，誠心誠意，

敬獻於

昊天金闕至尊玉皇上帝　御陛下曰：

至尊玉皇壽無疆，瑞氣祥光照四方，

神恩浩蕩兆民仰，澤被群生德益彰。

茲恭逢天誕佳期，民及闔家人等在此焚香化疏，恭祝

至尊玉帝聖壽無疆，並祈臨宅庇蔭，伏願尊座默佑民等

闔家平安，萬事如意，四時有慶，八節無災，財源廣進，事業順利，

家道興旺，納福迎祥。恭此

上奉　伏望

天聽

信士

女：　　　　　　　　　　　　　　　　　　叩謝

暨闔家人等　　　　　　神恩

天運　年　正月　初九日　　　　　　焚香百拜　具疏

M消災補運植福疏文

伏以

聖德洋洋能解千災禍厄

神恩浩浩得降百福禎祥

今據

地址：

吉宅居住奉

道投神，消災補運，助旺星辰，祈安植福信士：

及眷屬：

年　月　日　時生　歲

年　月　日　時生　歲

年　月　日　時生　歲

年　月　日　時生　歲

暨闔家人等，誠心百拜

聖造具呈意者，伏念現有本命　年　月　日時生流庚　歲，

切見今年現季以來，星辰不順，月令多舛，命內恐犯天災地曜，凶邪惡鬼，

亡神劫煞，無情關限交迎，脫運金木水火土煞，人命作災，以致欠安，闔家人等，

心中欲求平安，謹涓本月　日吉旦

仗　道抵宮立疏，虔備香燈果品，天金高錢、壽金、補運錢，財帛之儀，

誠心恭請仙公

昊天金闕至尊　玉皇上帝

九天玄女娘娘

北極玄天上帝

中路武財神、福德正神、各位尊神，上下高真，合廟尊神爐前，消災補運，

惟祈庇佑，自今以後，凶星退位，吉宿進宮，星辰高照，命運亨通，四時無災，

八節有慶，移凶化吉，解禍成祥，闔家迪吉，老幼均安，男添百福，

女納千祥，丁財大進，富貴綿長，求者如意，百事亨良。恭此

上奉伏望

聖神朗鑑

信士

女：

叩謝

暨闔家人等

神恩

天運　年　月　日具呈百拜上申

N開業（市）祈求賜財賜福平安疏文

伏以

年歲次　年　月　日　時

為寶號：　　開業（幕）之良辰吉日

弟子：

宅居：

率全體成員，誠心誠意，敬備三牲酒禮、五果金香，

拜　請

昊天金闕玉皇大天尊

福德正神

五路財神
十方神明天兵天將
臨店庇蔭，伏望哂納，庇佑弟子，在此
大吉大利，生意興隆，財源廣進，大進大發，
福澤綿長，大降吉祥，星光永明。
謹　疏
上申
立疏叩求人：　　　　感謝
神恩
天運　年　月　日　　　焚香百拜

〇新春開市（工）祈福文疏

恭惟

清香一炷法界薰　除舊佈新喜逢春　萬民爆竹迎新年　鮮花素果供養佛

春來瑞氣大地春　開市店家喜洋洋　門前喜神迎客來　祝賀家家大發財

伏以赤誠之心　恭迎

大慈大悲三元三品三官大帝降臨賜福平安

大慈大悲五路天官文武財神降臨賜財得利

大慈大悲本境轄內眾神、城隍、福德尊神降臨賜福無量

恭鑑

信　士
　　：
　女

地址：　　　吉宅居住

三教弟子闔家人等於　　年　　月　　日吉時　準時鮮花素果，

庭前供養法界，祈求風調雨順，國泰民安，天下太平。弟子

經營　　　事業，以續十方善因緣，祈求諸大聖神臨壇慈納，賜福。

是祈　求今年生意興旺，財源廣進，源源不斷，大降吉祥。

靈恩獲充庇佑使運途亨達通暢。事業。文、武市生意興隆。闔家平安。

所求如意大降吉神。以積善德以報天恩。

右具文疏　仰啟申奏

祈福人：

歲次天運　　年　　月　　日

P 奉敬歷代祖先安奉疏文

伏以

年　月　日　吉日良時

後裔子孫

宅居：

聚在廳堂　敬備菜飯　錢箔　時饈清酌　之儀恭獻於　家歷代祖先之神位前曰：

列祖列宗　日月同光　唯我祖神　萬古流芳　自古至今　源遠流長　後裔沾德

恩比天長　飲水思源　念念不忘　茲逢佳節　共聚一堂　同心祀奉　誠敬捻香

恭獻微儀　請祖來享　謝祖隆恩　庇佑安康　而今而後　勵當圖強　毋忝所生

以期隆昌　言祝不盡　惠保無疆　裔孫冒昧　恭進祝章　祖先鑑核　雀躍榮光

伏維

尚饗

後裔子孫　　　　　叩首

天運　年　月　日吉時上疏

Q拔超有緣無祀亡靈赦罪文疏

伏　以

聖德巍峨　光被大千世界

慈心溥博　恩霑無量人天

今　據

宅居：

善信　　　　人等　　奉道宣經　恭就

宮廟主懺法事　誠惶誠恐　稽首頓首　謹修疏意　叩為宣經禮懺　求薦超升事　陽世親人　俯露哀衷　仰於慈造　願開慧眼　俯鑑下情　為薦故九橫亡靈　未享人生　因故云終　陰陽莫會　罔極何酧　但恐前世舛錯　地府之苦報難逃　沒後沉淪　幽冥之功過莫補　為陽世親人痛念懷思　特啟薦修功德　於是謹卜今

月　　日　灑掃哀庭普陳供養　法壇香齋一筵　至心拜獻　禮請

地藏王菩薩　座前　大士爺　臨壇主事做大證盟

惟　願

亡靈頓悟　能令六根三業冰消　四智圓明　五蓋十纏　已往之愆尤盡滅　刀山劍樹

化為功德之林　銅柱鐵床變作菩提之座罪消黑籍魂投生方　苦輪不墮道岸先登　經聲

入耳　善根深植　多生法語開心　業障消亡累刼　靈光顯現　高證極樂之鄉　真理圓明

早入逍遙之境　更祈家門迪吉　人口均安　福並雲生　災隨雪解　親隣眷屬　均霑化育

之恩　奕世孫支　永享昇平之慶　凡居動靜之中　悉賴照臨之下　親眷等發心　願捐造

以助亡靈於冥福　諸事總求吉祥　伏願

皇圖永固　國運遐昌　聖道光輝　法輪常轉恭惟

三寶證明　恩主洞鑑

但道門與親眷等下情　無任惶恐懇叩祈恩之至　謹此

以　聞

天運歲次　　年　　月　　日　善信　叩首肅拜上申

R七星補運消災解厄保命延生祈安植福疏文

伏　以

今據吉宅居住

蟻民：　本命　年　月　日　時　建瑞生　受生歲

誠惶誠恐　稽首頓首　叩為禳災解厄保命延生祈安植福事

謹修疏意恭　就

九天玄女無極元君　座前

諸眾神聖仙佛座前一同鑑納做主

紫宸金闕　聖佛仙真　本命元辰　座前

俯叩凡情　恭陳意者　言念蟻民自流庚以來　生辰不順　運限乖張　慮威星而拱

剋恐惡曜以交攻　茲恐日遊三光之下難免褻瀆愆尤　身處五濁之中不無誤犯過咎

抑夙業之未除或因果之報復或年沖月煞　慮歲月以相刑　妨流年而剋害　蹇運限

乖　誠恐累劫冤愆　今生罪障　纏綿不愈跼蹐難安　思無解脫之路　幸有祈禳之

門　爰是虔備微儀　由

年　月　日時起至　年　月　日時止共　天

安奉七星燈壇　諷誦南斗延壽解厄妙經　叩求

聖佛仙真　本命元辰星君　上下神祇　降鑑微誠　如願所懇　為蟻民消災改厄　押

退凶星　雜煞陰邪　退開歸位　元辰在宮　氣脈調和　三業全消　靈光復顯　解舊運添新

運　貴人明現　財利興旺　命運亨通　福壽綿長　家門迪吉　月令清光　四時無災　八節

有慶　人口均安　萬事如意　賜福降祥　所求所願

伏　望

南箕註福　丹臺書有享之年

北斗添齡　紫府註無彊之算

謹疏

上奉

九天玄女無極元君御前 呈進　　恭望洪慈 昭格文疏

以聞

天運歲次　　年　　月　　日蟻民 具疏俯伏肅拜上申

S八路增福財神疏文

神恩廣大 無感不通

聖澤巍峨 有求皆應

今 據

吉宅居住：

信士 本命 年 月 日 時 建
女： 瑞 生

虔誠焚香禮拜 謹以香花果品玉帛之儀 敬獻

九天玄女無極元君 暨列聖諸真座前

八路增福財神

天官文財神

天官武財神

招財財神

進寶財神

納珍財神

利市財神

彌勒財神

布袋財神

福德明王尊神　各寶座下

恭　惟

八路財神。天官文財神。中路趙武財神。專管財寶金錢。

迎神納福喜招財。利市納珍。為護衛。正直公平賜福田。

彌勒布袋兩尊者　共同扶助賜福　信　士
女：

有緣人 福德正神為輔翼 忠臣孝子 道德商人 財寶受賜

信士
女：

福綿綿 今得 八路財神來蔭佑 呼信士
女：

勇得財福 得到禎祥 日後大賺錢大發展 要來造功佈施

迴向社會 謹拜表

上聞

歲次 年 月 日 信士
女： 叩謝神恩

T申報財庫疏文

伏　以

求道悟道　願消冤孽之因

知恩報恩　敬種壽生之果

今　據

臺灣省吉宅居住：

信士/女：　本命生於　年　月　日行庚　歲

暨闔家人等　誠惶誠恐　稽首頓首　叩為奉道啟超業海　補庫禳災解厄　祈安植福

償還舊逋　填銷簡紀勾銷宿欠之事　特申悃狀　虔備香花果品不腆之儀

恭　就

九天玄女無極元君　懿前　暨列聖高真聖前　上獻

東嶽天齊大生仁元聖帝陛下　做主

東嶽諸聖高真　作證　轉交

天曹真君　地府尊神

五道將軍　家宅竈君

福祿官　命祿官　衣祿官　食祿官謹依法典　恭設淨壇　填還地庫

虔具　地庫　佰萬貫封完投寄　地府受生院十二庫官　案上交納　伏乞

指揮庫吏分明收儲　出給陽世陽財　補換交還　收執敬修疏文呈交

諸神諸官收存　恭翼

伏　願

地府補地庫後　信士/女：　從今而後　命運亨通　福祿常隨　地府受生

院十二庫官前　世表註記功勳簿曆中　有憑有據　判筆下無偏無黨旋

與給還願無差互　更祈　信士女：

行往五方十路　貴人扶持　求財得財　地府財庫內　財庫滿盈　富貴綿長

符籙一道　同隨交化仰庫官繳納

天運歲次　　年　七月　　日　信士女：　　　肅拜上申

U 奉安蓮位疏文

具疏文 地址：

陽居弟子

謹 以

鮮果 清香之儀敬獻於

南無大願地藏王菩薩 蓮花寶座前

伏 以

神恩廣大 無感不通 聖譯巍峨 有求皆應

稽查善惡之權 主司功過之柄

竊念

家子孫 居所不便 恐無法承祀香火 故為其奉安祖先

香火蓮位於　　　　　金寶塔　伏乞

仗佛之力牽引光明佛淨土西方極樂世界佛淨土同證

菩提　以了脫生死輪迴之苦

陽居子孫：　　　叩稟呈疏

天運歲次　　年　　月　　日

V 普渡疏文（公司用）

伏以

俯陳菲饌　仰叩　蓮臺

今據

公司：　負責人：

率領公司人等　同誠焚香禮拜

奉道禮懺　慶讚中元　陰陽普施　祈安植福事

恭惟

普度至尊　大士爺　做主

十方三界　無極神鄉天地水官　恩鑑

幽冥教主　地藏王菩薩　恩鑑

恭申意者

言念過往先靈　暨大地無夜之夢　久趣輪迴　未知　枉生之路　欲求超生　須仗

神光接引　茲屆度幽之際普渡筵開涓今吉旦全體

員工人等　具備香花果品　饌饈之儀　鋪陳供養　敬獻　冥錢萬文外　備甘露斛食

耑為　賑施大地無祀孤魂等　同霑法味　共悟菩提　承斯功德　上拔前亡於淨界　下超

後化於安養　普施法界有情孤魂　同登彼岸　五音十彙孤　魂滯魄出苦超生

伏　願

神聖慈光超升淨界　往生極樂蓮花化生

親近神聖得聞妙法頓證無生　更祈

在會眾人等　陽居迪吉　老幼均安　所求如意　大降吉祥

謹　疏

上聞

天運歲次　　年　七月　　日　吉旦　合眾人等禮拜上申

W慶讚中元普渡疏文（家宅用）

伏　以

陶鎔性命　劫厄災殃同宰御

考校陰陽　生存死　總司長

莊嚴寶地　宏施法雨關普渡

極樂香城　道地超群濟眾生

香湯神咒力強投正是亡魂出浴時

法上漫洗八德水宅外焚化往生錢

仰於慈德　俯殫孝思

際桂花初秀　月當少昊之司權　冥莢供品　共修象教　恪達虔誠

今據

地址：吉宅居住

擇吉　年　七月　　日　係中元普度節慶之日

虔備　香花茶果饌饈之儀

敬獻冥錢萬文金煉化　爰就本宅前　敬奉以慰英靈

恭惟

普渡至尊　大士爺　　做主

中元七　赦罪　地官　洞靈貴虛大帝　　恩鑑

幽冥教主　地藏王　　恩鑑

七月秋雨水連天　十五日月天上懸

中元佳節陰陽會　市民戶戶祭亡魂

伏　維

國家太平　政治安定　經濟發展　人文平安　家戶納吉
遊魂野鬼遁形　男增百福　女納千祥　斯至疏者上達
天運歲次　　年　　七月　　日

X 消災祈福迴向文

伏　以

聖德巍峨萬類咸茲化育

佛恩優惠眾生仰賴陶榮

今　據

地址：

弟子　本命歲次　年　月　日吉時　受生　現庚　歲

今　奉

主神　及眾位祖師指示

奉供填還　僅　專獻上

天曹真君

地府真君
本命元辰
本命星官
善部童子
宅神土地
五道將軍
家宅大王
水草將軍
福祿官
財祿官
衣祿官
食祿官
錢祿官

命祿官

捐　　僅依科典　所有經疏專獻上　諸庫神百官　惟願燒醮以後

闔家安吉　四時無纖小之災　消災解厄　凶星退位　吉星常臨　黃道瀕開

運轉興隆　闔家平安　身體健康　元神光彩　所求所願　大降吉祥

凡在光中　均所庇佑　不勝懇禱之至　僅意獻上　八節有泰來之慶

虔誠祈禱　願賜禎祥　今者僅備供儀伏望鑑納照察經文

准折　僅疏　僅請

主神　　鑑納

本地方　城隍爺　　鑑收

本祀　福德正神　　收轉

願意此功德　迴向　年　月　日吉時受生離苦得樂

繳納人　　手印

天運　年　月　日

Y 祭送陰煞亡魂疏文

伏　惟

今　據

地址：吉宅居住

信　士：
女　　　人等稽首頓首　恭請

九天玄女無極元君

暨列聖尊神　天地聖眾　神仙兵將到壇　虔備供品　金銀財帛　供疏文一道

奉道祭祈禳　起土祭陰煞祭星　消災改厄　祭送廣渡亡靈孤魂

丹心叩拜　神光證明　具陳意者　言念

弟子　　主命　年　月　日　時生

身居下土命屬上蒼　生庚欠順　星辰不順　運途有乖　禍因工作關係

無意沖犯墓地有緣有祀亡靈　扶命至成家運不安　不知解謝之門

延福延生　涓取今　　年　　月　　日

伏道祭送墓地有緣有祀亡靈　有緣無祀陰魂焚化往生蓮花　　朵

廣渡有緣有祀亡靈　有緣無祀孤魂眾　誠意僅奉飯菜碗　　桌

清茶敬香與禮酒　金銀財寶蓮花奉　有緣有祀亡靈　有緣無祀陰魂

前來共享用　一切世間渡有緣　因此功德歸西天　放下一切仇怨事

一心歸命阿彌陀　前來聽經亦聞法　不分男女為何人　普渡法船來接引

一切有情皆上座　蓮花　　朵　來焚化　化完即變無數朵

有功有德來乘蓮　往生西方極樂國　躬身叩拜請到壇外　洗滌冤愆

冤冤霧釋　業業冰消　消無妄之災

文疏一表誠奏化　諸神菩薩做證明　惟延

奉星君　恭祈

厚福降祥　消災身中康泰

伏　祈

神光采納文疏　祈佑案主家門迪吉　凶星退散　吉星來臨　財利亨通

子孫茂盛　天災不染　官拜不侵　身體平安　命運亨通　凡事如意

謹　疏

以聞

天運歲次　　年　　月　　日沐恩　信士/女：　　叩拜上申

Z 消災植福保安疏文

伏　以

聖德無私　巡禮虔求必應

神明有赫　志心導告則靈今有　信士/信女：

地址：

信士/信女：　生于歲次　年　月　日　時　建生/瑞生

生暨闔家老幼人等　為期懺悔消災上香稽首虔誠拜干於

九天玄女無極元君　座前　恭惟　神光普照　被及萬方　且為

信士/信女：　誠恐命內侵帶　天羅地網　喪門白虎　南蛇天狗

天罡弔客　流孛太歲　黃蜂尾蝶　大王小鬼　官符迷魂　五鬼　七煞　劫財刀兵
陰光遊魂　刑剋六沖　五方神煞　九凶三煞　天罡地煞　一百二十四凶神惡煞
深恐風水門路　井灶龍神　居家香火　干礙不安懇求
九天玄女無極元君　開恩赦罪　祈求闔家　元辰自在　吉星進宮　四柱興旺
運途亨通　事業發達　財源廣進　花樹叢勇壯　身體健康　月令光彩　利路亨通
伏乞
九天玄女無極元君　化解災劫於未然　沛降福祿禎祥於嘉惠
俾得臨風履泰　樂業安居
謹　以
上　聞
天運歲次　　年　　月　　日　拜具

a

祭送神煞疏文

伏　惟

今　據

地址：　　　　　　　　　　　　吉宅居住

信　士：　　　　　稽首頓首

女

恭　請

九天道姆大天尊君暨列聖尊神　天地聖眾　神仙兵將到壇

虔備供品　金銀財帛　供疏文一道　奉道祭祈禳

起土祭煞祭星　消災改厄　保安植福　丹心叩拜

神光證明　具陳意者　言念

弟子：　　主命　年　月　日　時生

身居下土命屬上蒼　生庚欠順　星辰不順　運途有乖　禍因
無意沖犯及捻去魂魄　扶命至
成不安　不知解謝之門　延福延生
涓取今年　月　日　伏道祭送　刀兵傷亡神君　流星大煞神君
千災萬禍一切凶星　五廟猖神　遊戲過路神君　墓神劫煞神君
魅神魅煞神君收魂捉魄煞神君　躬身叩拜　請到壇外　洗滌冤愆
冤冤霧釋　業業冰消　消無妄之災　惟延奉
星君　恭祈　厚福降祥　消災身中康泰
伏　祈
神光采納文疏　祈佑案主家門迪吉　凶星退散　吉星來臨財利亨通
子孫茂盛　天災不染　官拜不侵　身體平安　命運亨通　凡事如意
謹　疏
以聞
天運歲次　年　月　日沐恩　信士／女：　叩拜上申

b 繳納壽生錢求福疏文（一）

伏　以

聖德巍峨萬類咸茲化育

佛恩優惠眾生仰賴陶榮

今　據

地址：

亡者：　本命歲次　年　月　日吉時受生

今　奉

主神　及眾位祖師指示　奉供填還　僅　專獻上

天曹真君

地府真君
本命元辰
本命星官
善部童子
惡部童子
宅神土地
五道將軍
家宅大王
水草將軍
福祿官
財祿官
衣祿官
食祿官

錢祿官

命祿官

捐　　　　　僅依科典　所有經疏專獻上諸庫神百官

惟願燒醮以後　闔家安吉　四時無纖小之災　八節有泰來之慶　虔誠祈禱

願賜禎祥　今者僅備供儀伏望鑑納照察經文　准折冥債

僅疏　　　僅請

主神　　　　　　　　　　　　　　鑑納

本地方城隍爺　　　　　　　　　　鑑收

本祀福德正神　　　　　　　　　　收轉

願意此功德迴向　　　　（人名）離苦得樂

願生西方淨土中　九品蓮華為父母

花開見佛悟無生　迴入娑婆渡有情

上報四重恩　下濟三塗苦

若有見聞者　悉發菩提心

盡此一報身　同生極樂國

十方三世一切佛　一切菩薩摩訶薩　摩訶般若波羅蜜

亡者　　　由　　　代為繳納　　　手印

天運歲次　　年　　月　　日

C 繳納壽生錢求福疏文（二）

伏　以

聖德巍峨萬類咸茲化育

佛恩優惠眾生仰賴陶榮

今　據

弟子　本命歲次　年　月　日吉時受生　現庚　歲

今　奉

主神及眾位祖師指示　奉供塡還　僅專獻上

天曹眞君

地府眞君

本命元辰

本命星官
善部童子
宅神土地
五道將軍
家宅大王
水草將軍
福祿官
財祿官
衣祿官
食祿官
錢祿官
命祿官

捐　　　　　僅依科典　所有經疏專獻上　諸庫神百官
惟願燒醮以後　闔家安吉　四時無纖小之災　消災解厄　凶星退位
吉星常臨　黃道灝開　運轉興隆　身體健康　元神光彩　所求所願
大降吉祥　凡在光中　均所庇佑　不勝懇禱之至　僅意獻上
八節有泰來之慶　虔誠祈禱　願賜禎祥　今者僅備供儀　伏望鑑納
照察經文　准折冥債

僅疏僅請

主神　　　　　　　　　　　　　　　　鑑納

本地方城隍爺　　　　　　　　　　　鑑收

本祀福德正神　　　　　　　　　　　收轉

繳納人　　　　　　手印

天運　年　月　日

第七章

各種常用符令

各種常用符令

01

北帝押煞符：可帶身，制煞淨身，貼宅。黃紙硃書。

01.北帝押煞符

02

保身符：帶身，可保命護身。黃紙硃書、墨書。

02.保身符

03 沖犯土煞符：犯動土煞、破土煞，可帶身、化飲、淨身或貼宅。黃紙硃書。

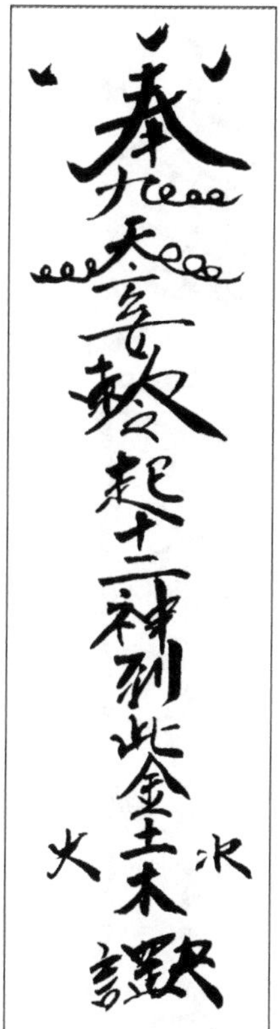

03.沖犯土煞符

04 收驚符：收驚制煞用。黃紙硃書，或於壽金上硃書。

04.收驚符

05

破穢清淨符（或稱九龍破穢清淨符）：黃紙墨書或硃書。化食、化洗。

05.破穢清淨符

06

九龍清淨符：化飲、淨身，或以香、劍指畫無形符於陰陽水中。

06.九龍清淨符

07 鎮元神光彩符：犯喜煞，可帶身、化飲、化洗。黃紙硃書。

07.鎮元辰光彩符

08 白康元帥符：犯麻喪煞、空棺煞，可化飲、化洗。黃紙硃書。

08.白康之師符

09 觀音佛祖安胎符：產婦安胎，可帶身、化陰陽水喝。黃紙硃書。

09.觀音佛祖安胎符

10 求子符：婚後多年未懷孕者，祈求早生貴子，帶身。黃紙硃書、墨書。

※拿至有供奉「註生娘娘」的廟宇過香火加持。

10.求子符

11 九天玄女安胎符：產婦安胎，可帶身、化飲。黃紙硃書。

11. 九天玄女安胎符

12 安胎符：犯胎氣煞，可帶身、化飲。黃紙硃書。

12.安胎符

13 小孩夜啼符：小孩犯飛煞，可帶身。黃紙硃書。

13.小兒夜啼符

14 觀音保胎神符：產婦安胎，可帶身、化飲。黃紙硃書。

14.觀音保胎神符

15 退煞血符：救急、救命之用，化燒（依「退煞血符」法門用之）。黃紙硃書。

15.退煞血符

16 太乙平安符：鎮宅保平安。帶身、貼紙。黃紙硃書。

16.太乙平安符

17 五雷斬邪符：鎮宅避邪。收驚制煞。帶身、貼紙。黃紙硃書。

17.五雷斬邪符

18 聖母除邪符：可鎮宅避邪，貼紙。黃紙硃書。

18.聖母除邪符

19 五方押煞符（五雷符）：犯動土煞、破土煞。押五方。帶身、化食、化洗。黃紙墨書。※催「敕符總咒」，加請五雷將軍。

19.五方押煞符

20 安床追煞符：貼新娘床、一般安床、貼床頭（床下倒貼）。黃紙硃書或墨書。

20.安床追煞符

21 鎮押邪鬼符：鎮家宅不淨者。貼大門、大廳。黃紙墨書。

※催唸六字真言：「嗡嘛呢叭咪吽」。

21.鎮押邪鬼符

22 八卦符：力道極強等同八卦、羅盤。可貼、鎮宅、帶身、鬥法。黃紙硃書。

※先催「敕符總咒」，打祖師指。再催「點安八卦神咒」，打八卦指。

22.八卦符

23 鎮押凶宅符：制凶宅、鬼屋。貼門楣上方或客廳上方。黃紙墨書。

※打普奄指，催敕符總咒加「普奄祖師」。

23.鎮押凶宅符

24 收陰煞符：防陰煞侵犯。帶身、化洗。黃紙硃書或墨書。

24.收陰煞符

25 鎮宅避邪符：陽宅制煞，婚課、安床、入宅安香。制白虎、朱雀。黃紙硃書墨書。※打普奄指，催敕符總咒加「普奄祖師」。

25.鎮宅避邪符

26 制妖邪安宅符：貼大門、大廳。黃紙硃書。※催敕符總咒加「太上老祖」，符令加催「太上老君追殺神咒」

26. 制妖邪安宅符

27 押煞鎮宅符：鎮宅押煞，貼門廳或帶身。黃紙硃書。

27.押煞鎮宅符

28 鎮宅平安符：可鎮宅保平安，貼大門、大廳。黃紙硃書。

28.鎮宅平安符

29 沖天旗符令：落陷屋，陽宅制煞用，插於房屋中央或過矮處。紅布黑字或黑布白字。

29.沖天旗符令

30 鎮宅靈符：鎮宅制煞。貼牆或畫於制煞物上。

30.鎮宅靈符

31 五雷符（一）：此符貼宅，可收妖避邪。黃紙硃書。※五雷符（一）(二）催「敕符總咒」加「五雷將軍律令敕」或催「五雷符敕符神咒」。

31.五雷符(一)

32 五雷符（二）：可帶身避邪、貼宅鎮邪魔，或化入清淨水以「五雷指」驅打邪魔。黃紙硃書。※五雷符（一）(二）催「敕符總咒」加「五雷將軍律令敕」或催「五雷符敕符神咒」。

32.五雷符(二)

33 七罡符：可帶身救急，救重病、重煞，救命危，也可避陰邪。黃紙硃書。

※每個「罡」處皆要蓋心（手）印，蓋祖師法印。

33.七罡符

34 四大金剛符：可防陰煞、鎮鬼靈；一次畫四張，黃紙硃書或畫於四色紙，貼四方牆壁或埋地下。

※此符極剛強，畫符前需請示祖師至少允諾三聖杯。

34.四大金剛符

35制將軍箭符：制小孩關煞、犯將軍箭者，帶身。黃紙墨書。

※畫符時可加催「金剛神咒」。

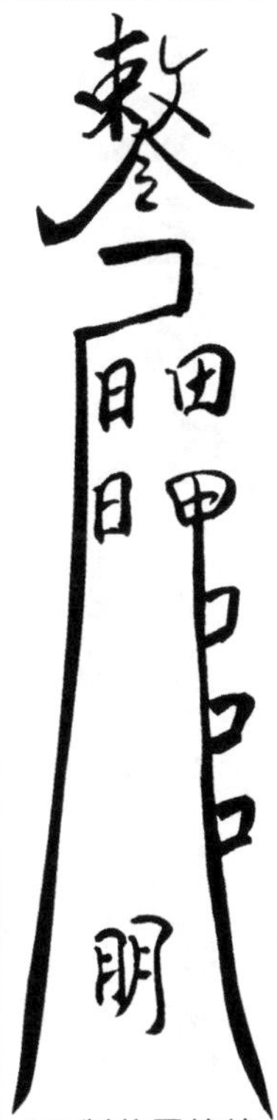

35.制將軍箭符

36推鬼退符：可收退陰將陰兵，解符、解惡煞，化點於患者身上五方。

五張黃紙硃書，或於五色符紙。

36.推鬼退符

37 五營總符：貼於黑令旗竿上，請五營兵將護黑令旗。黃紙硃書。

37.五營總符

38 黑令旗：畫於黑令旗邊上，可收驚、制煞。白色染料混米酒畫於三角形黑布。鎮宮、廟、壇，或神駕出巡開路用者，黑墨混米酒畫於四角形的白邊。

38.黑令旗

39退神符：夾於壽金中化燒，可退神，退公媽龕。黃紙硃書。

39.退神符

40開斧神符：雕刻神尊的木材開斧用。黃紙硃書。

40.開斧神符

41 顯曲星符：入宅、安香、安床、紅課，書「顯」、「曲」者，以顯曲星符制解。婚課，值翁姑月、日亦可用之。貼大廳、神位龍邊。黃紙墨書、硃書。

41.顯曲星符

42 三皇符：入宅、安香、安床、紅課，書「制」或黑課遇「白虎」「朱雀」到位，以三皇符制解。貼大門、神位、龍邊。貼床。黃紙墨書、硃書。

42.三皇符

43鳳凰符：入宅、安香、安床、逢「朱雀」以鳳凰符制解，貼大門或神位虎邊下方。

43.鳳凰符

44麒麟符：入宅、安香、安床、逢「白虎」，或婚課逢「白虎」到位。以麒麟符制解。貼大門或神位龍邊下方。婚課貼白虎值位處。

44.麒麟符

45

五路財神符：聚財、催財。黃紙硃書。帶身、置財位或畫於吉祥物上。

45.五路財神符

46

財神符：聚財、催財。黃紙硃書。帶身、置財位或畫於吉祥物上。

46.財神符

47 福德正神右符令：迎財、求財。黃紙硃書。貼牆。

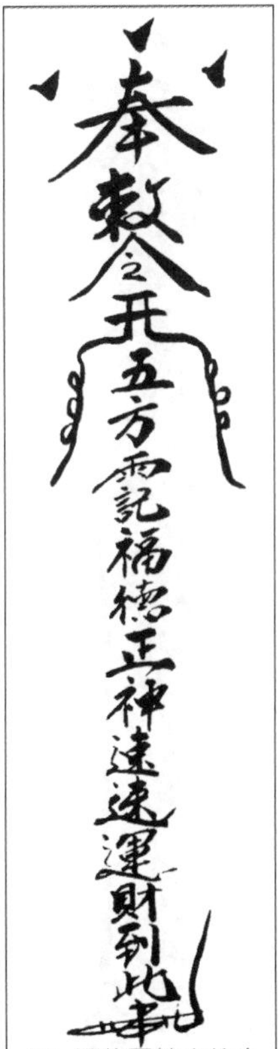

47. 福德正神右符令

48 生意財利符：迎財、求財。黃紙硃書。與福德正神左、右符令三張配合使用、貼牆。

48.生意財利符

49 福德正神左符令：迎財、求財。黃紙硃書。貼牆。

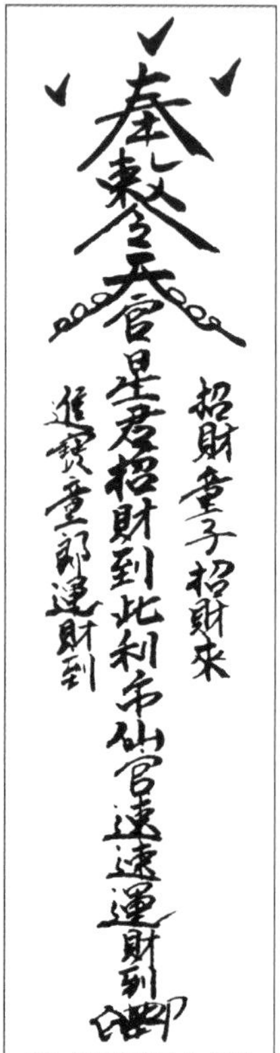

49. 福德正神左符令

50 觀音招財符：迎財、旺財。黃紙硃書。合壽金、福金、四方金（可加五路財神金）各七張，化於大門外。

50.觀音招財符

51 觀音送財符：可招正、偏財，亦可押煞驅邪。帶身、貼宅。黃紙硃書。

51.觀音送財符

52 事業貴人符：招五方貴人、助事業發達、順利。黃紙硃書、墨書。帶身（個人）。

52.事業貴人符

53 五方貴人符：招五方貴人財。黃紙硃書、墨書。帶身（個人）。

商場合壽金、四方金、五路財神金，化於大門外。

53.五方貴人符

54 開運求職符：求職、求升官。黃紙墨書。帶身。

※神駕可改。※稟當事人姓名、八字。

54.開運求職符

55七星開運符：補運、開運。黃紙硃書、墨書。帶身。

※神駕可改。催七星斗步咒、踏七星步、後畫符。

55.七星開運符

56開市招財符：商場開市，招財。黃紙硃書、墨書。貼錢櫃、保險箱，招財貓背面。

56.開市招財符

57 招財補庫符：補財庫。黃紙硃書。每日一道加旺財金、壽金、財神金、大小貴人金、四方貴人金，各一百（一只），連化七天於金桶。

※也可置聚寶盆。

57.招財補庫符

58 福德正神買賣符：催厝宅，田地買賣順利。黃紙硃書、墨書。合四方金，福金、五路財神金化燒於土地廟或買賣場地。

58.福德正神買賣符

59 補財庫符：運勢不順、財運不佳，帶身，可補財庫、求財、聚財。
黃紙硃書、墨書。

59.補財庫符

60 五鬼運財符：求偏財、速得之財，以青白黃紅黑五色符紙硃書五道符。
每張合小銀一只、更衣五張，依五行方位化燒，並打「敕符指」。

60.五鬼運財符

61 上班小姐求財符：特種行業公關小姐招客求財用。黃紙硃書。

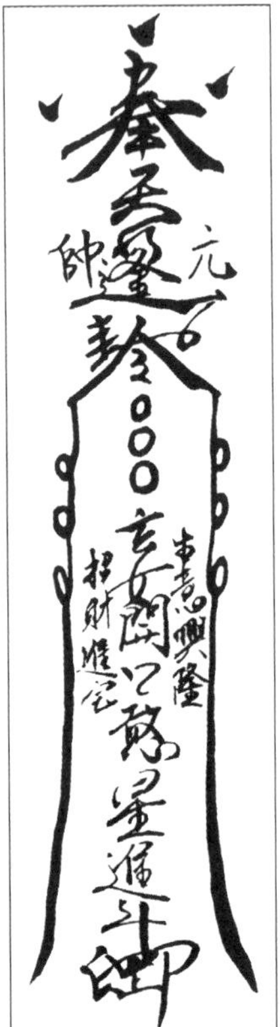

61.上班小姐求財符

62 改性情靈符（一）：改不良惡習，畫三張，合三尊替身，壽金一百甲、馬五張，連三天化金桶中（酉時最佳）。

62.改性情靈符(一)

63 改性情靈符（二）：改讀書運，科名，文昌，貼或化於當事人床頭。黃紙硃書、墨書。

63.改性情靈符(二)

64 改性情靈符（三）：改不良惡習，給當事人化水飲。黃紙硃書、墨書。

※改性情靈符三種併用。

64.改性情靈符(三)

65說服人心符：黃紙墨書。化（在被說服對象不知情時，讓他喝下）。

※神駕可改「九天玄女」、「觀音佛祖」、「玄天上帝」。

65.說服人心符

66制小人符：避小人侵害、防口舌是非。帶身。黃紙硃書、墨書。

66.制小人符

67 文昌符：求考運順利，金榜題名。可帶身，放文昌位，貼書桌。黃紙硃書、墨書。※拿到文昌廟或有供奉「文昌帝君」的廟宇過香火加持。

67.文昌符

68 求職顯達順利符：求職，求升遷順利。帶身。黃紙硃書、墨書。

68.求職顯達順利符

69催官符：上班族、公職人員求升遷順利。帶身。黃紙硃書、墨書。

69.催官符

70功名符：求考運順利，金榜題名。可帶身，放文昌位，貼書桌。黃紙硃書、墨書。※拿到孔廟或有供奉「孔聖先師」的廟宇過香火加持。

70.功名符

71 孔聖先師助考試符：增加考運，助考運順利。帶身。黃紙硃書。

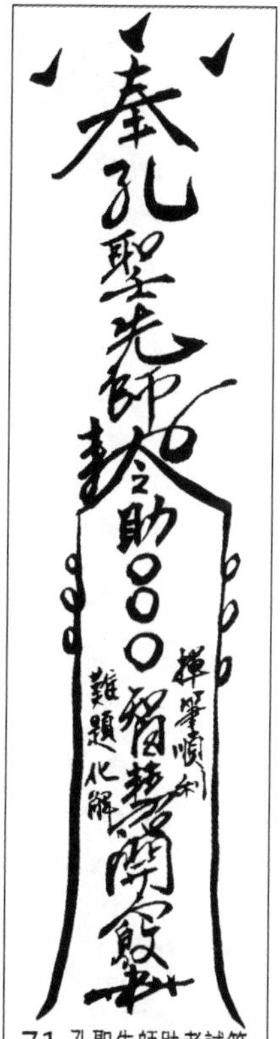

71.孔聖先師助考試符

72 定心勤讀書符：學生安定心性，認真讀書。帶身、化飲、貼書桌。黃紙硃書。

72.定心勤讀書符

73 定心符：黃紙硃書，每日一道，連三天化飲。

73.定心符

74 聽話符：對平輩或晚輩用，給對象化飲。黃紙硃書。

※花字：「急急如律令！」

74.聽話符

75 斷酒符：黃紙墨書。每日一道，連三天（勿讓當事人知道）。

75.斷酒符

76 戒賭符：午時書符。黃紙硃書。每日一道，連三天化飲，或合土地公金化燒於當地土地廟。

76.戒賭符

77桃花姻緣符（一）：未婚或對象尚未明確者，帶身可催桃花，助姻緣。黃紙墨書。

77. 桃花姻緣符(一)

78桃花姻緣符（二）：未婚或對象尚未明確者，帶身可催桃花，助姻緣。黃紙墨書。

78. 桃花姻緣符(二)

79 桃花姻緣符（三）：未婚或對象尚未明確者，帶身可催桃花，助姻緣。黃紙墨書。

79. 桃花姻緣符(三)

80 催桃花符：未婚或尚無對象者，帶身可催桃花。黃紙墨書。

80.催桃花符

81 化骨消腫符：喉嚨卡魚刺、碎骨，化陰陽水喝，可化骨消腫。黃紙硃書、墨書。

81.化骨消腫符

82 北斗延壽符：求壽元、身體健康。可帶身、貼床頭。黃紙硃書、墨書。

82.北斗延壽符

83 行車平安符：貼於汽車擋風玻璃，或放福袋掛於機車把手。黃紙硃書、墨書。

83.行車平安符

84 開車平安符：貼於汽車擋風玻璃，或放福袋掛於機車把手。黃紙硃書、墨書。

84.開車平安符

85 催債符：催債多年未還欠債，須先確定對方有能力償還。黃紙墨書。寫明欠債人姓名、住址。合四方金、福金化於土地廟，稟請土地公幫忙催討。每日一道，連化三天。

85.催債符

86 防竊盜符：貼於門上，竊賊入內，心生畏懼，不由自主，不偷而離去。黃紙硃書。

86.防竊盜符

87 長壽符：配戴此符人主長壽。

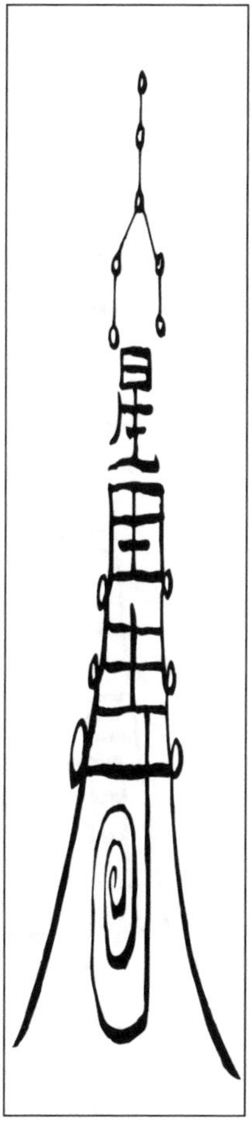

88 淨符：製作大悲咒水清淨符，化水灑淨。

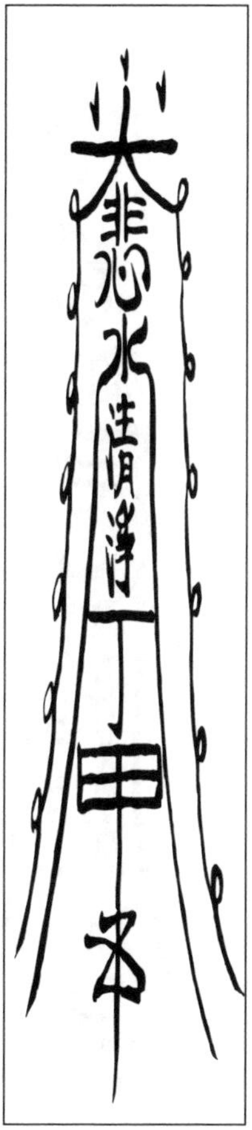

89 婚姻快成符：婚姻快成，此符需男女方配戴用。

90 禁酒符：禁酒，焚化飲用。

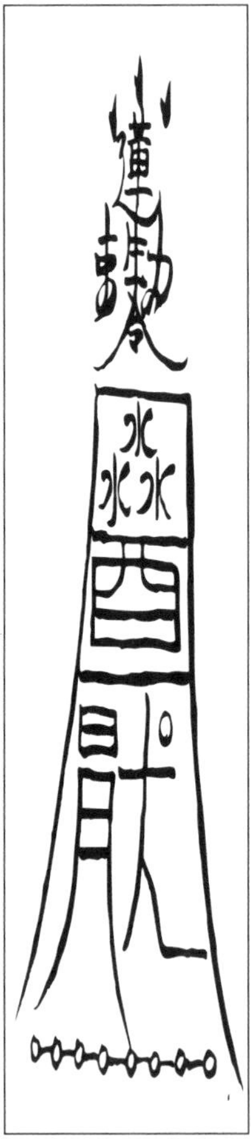

91 天賜懷孕符：化飲，夫妻一起飲用。

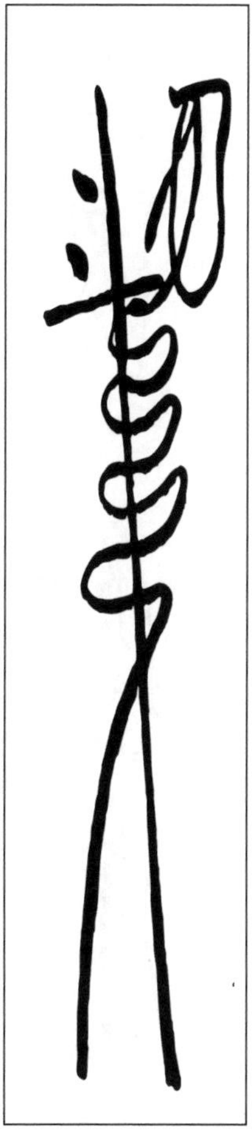

92 女子護身符：女子配戴此符，出入凡事遂心。

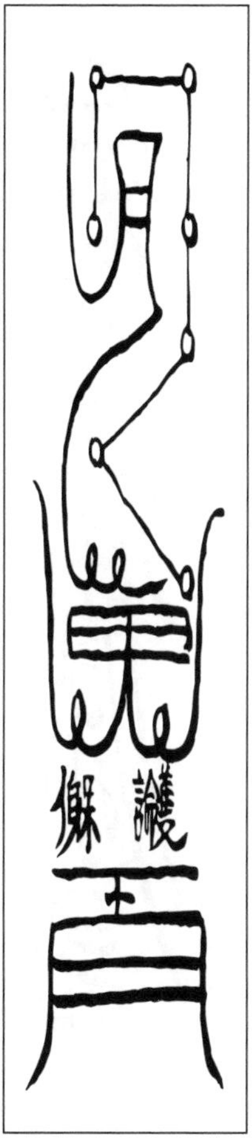

93 天賜財福符：配戴此符投資必賺。

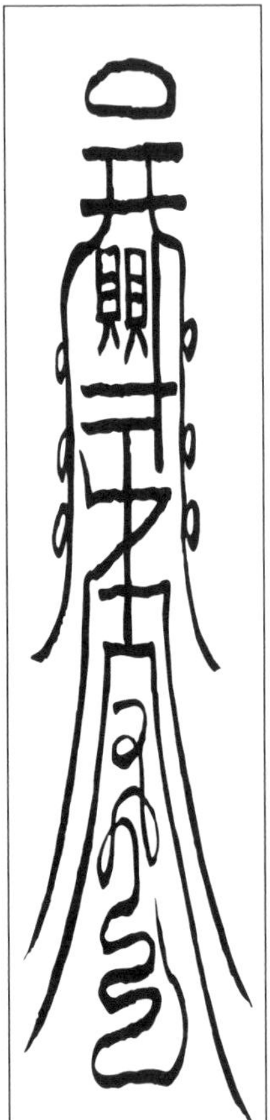

94 男子護身符：男子配戴此符，光輝無所不在。

95 治病符（一）：改善胃病，焚化、沖水、飲用。

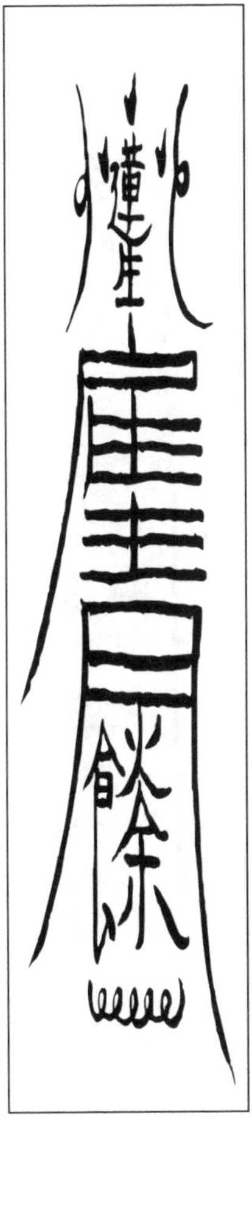

96 治病符（二）：治頭痛符，焚化、沖水、飲用。

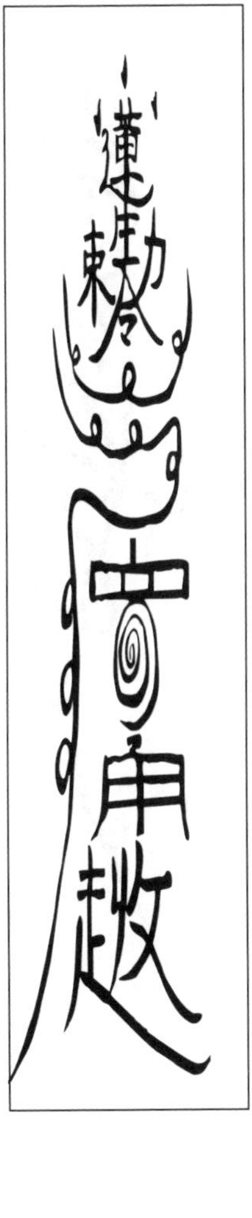

97
求男丁符：全生女孩，服此符可望生男。

98
治精神病符：犯邪神所引起的精神病此符可治。

99 女人犯沖：配戴此符不怕任何邪煞，女用。

100 男人犯沖：配戴此符不怕任何邪煞，男用。

101

洗霉氣符：人運途不順，此符可治。和七粒米、一把鹽化此符洗身，一連七天。

102

討債或折服對方配戴：欠債不還，談生意時可用。

103 求財靈符（門口化）：求財專用靈符，配合金紙使用。

104 女童配戴治一切關煞：專治小孩所犯關煞，女孩子用。

105 男童配戴破一切關煞：男童犯關煞此符可解。

106 貼大門諸邪不侵：貼於大門，百邪不侵難近。

107 小孩夜啼（貼床腳）：小孩受驚嚇，此符可解之。

108 出門平安符：開車平安符。

109 房子興旺符：房子不旺，此符可解。

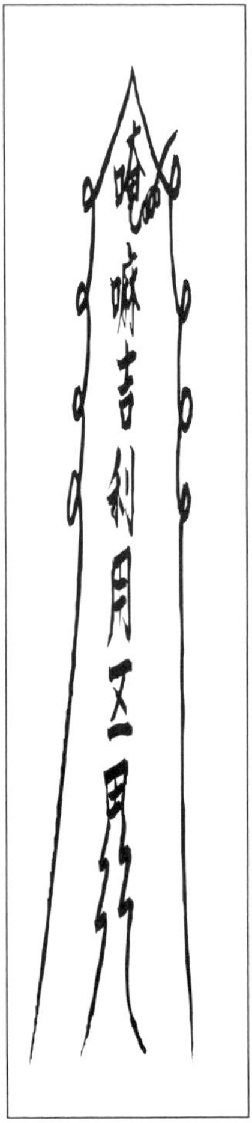

附註　道法照片集錦

◎學員皈依紫陽門照片：

◎客戶造生基照片：

◎客戸造葬植福化煞照片：

◎開運化煞物開光照片：

官水官各官府社稷

◎神佛開光點眼　祖先安座照片：

陳宥名老師簡歷

◎九天五術開運中心負責人

◎台中市星相易理堪輿協進會創會理事長

◎中華星相易理堪輿師協進會全國總會常務理事暨彰化縣分會理事長

◎天地人和五術命理教育學會創會會長

◎美國國家專業催眠教育與認證委員會合格催眠治療師

◎中國堪輿龍穴聯誼會特聘學術顧問

◎財團法人虎尾科技大學文教基金會中區辦事處五術命理講師

◎財團法人錦江堂文教基金會八字、姓名學、道法講師

◎國立彰化社教館台中西區、台中黎明社教站五術命理講師

◎社團法人倫理研究學會聘任五術命理講師

◎台中縣沙鹿鎮公明國小姓名學、八字、卜卦講師

◎中州科技大學景觀風水學陽宅風水講師

◎中國廣播公司幸福人生五術命理主講人
◎台中市婚紗藝術協進會五術命理講師
◎中天、年代、三立、東森、民視、TVBS等各大電視台採訪專業大法師

陳宥名老師光碟（DVD）著作

◎八字中、高階實際命盤論斷DVD
◎八字精論初、中、高階課程DVD
◎陽宅鑑堪師資培訓班課程DVD
◎陽宅實務規劃課程DVD
◎金錢卦、籤卦初、中、高階課程DVD
◎易經占卜初、中、高階實戰班課程DVD
◎婚課與一般擇日教學課程DVD
◎奇門遁甲陽盤擇日教學課程DVD

◎乾坤國寶龍門八局應用課程 DVD
◎開運道法符咒初、中、高階課程 DVD
◎八宅明鏡斷略實務課程 DVD
◎入宅安香儀式總解課程 VCD
◎紫白飛星論斷實務課程 DVD
◎二十七層羅經實務課程講解 DVD
◎實用靈符運用方法課程 DVD
◎形家巒頭長眼法課程 DVD
◎生肖姓名學初、高級班課程 DVD
◎法奇門應用課程 DVD
◎法奇門陰陽宅風水佈局課程 DVD

陳宥名老師新書著作

◎《神祕盲派八字大解密》

◎《學易經占卜先看這本書》

◎《生肖姓名學吉凶教科書》

◎《求人問卜我最靈》

◎《陽宅論吉凶》

陳宥名老師館址：台中市東區東光園路 184 號

手機（台灣）：0958-166856。

（大陸）：13120848196。

服務項目：

◎八字論命

◎占卜問事
◎更名取名
◎陽宅堪輿
◎陰宅諮詢
◎骨甕晉塔
◎神佛安香
◎公媽處理
◎生基服務
◎各項擇吉
◎道法法事
◎命理教學

※歡迎各大師、同好蒞館泡茶聊天、交換五術心得，本人必不藏私、竭盡所能滿足服務。

作者：黃恆堉 簡介

感謝購買本書：請掃描吉祥坊軟體研發中心二維碼，即贈送三套手機板軟體，

一是—手機號吉凶測試軟體

二是—八字奇門護體軟體

三是—占驗派紫微斗數排盤軟體

◎台中市五術教育協會 創會理事長

◎吉祥坊易經開運中心 負責人

◎中國五術教育協會 講師團團長

◎台灣省星相卜卦與堪輿職業工會 常務理事

◎中信、住商、信義房屋、陽宅教育訓練講師

◎大學社團；讀書會，命理與人際關係養成講師

◎各大壽險公司，命理行銷專題講師（1000↑場）

QR CODE

◎扶輪社、獅子會、青商會等社團命理講座

◎著有：

《學八字，這本最好用》《學數字斷吉凶，這本最好用》

《大師教您學八字》《大師專用彩色萬年曆》

《學奇門遁甲這本最好用》《學擇日原來這麼簡單》

《神祕盲派八字大解密》《這年頭每個人都需要懂紫微》

《鐵口直斷之祕法》《陽宅吉凶一目了然》《數字論吉凶》

《八字論命軟體一套》《姓名學軟體一套》《擇日合婚軟體一套》

《紫微斗數論命軟體一套》《奇門遁甲各項佈局軟體》

《陽盤九宮奇門軟體》《陰盤奇門遁甲專業，開館版軟體》

出版命理風水著作共55本

設計20套命理風水專業軟體（PC版）

設計65套命理風水專業軟體（手機版）

錄製20多種命理教學DVD

Tel:04-24521393　0980-258768

吉祥坊　Line ID　@a228

WeChat ID abab257

黃恆堉　Line ID　0936286531

WeChat ID a0980258768

開運道法符咒初中高課程

DVD教學共48單元

初中階共21單元(以下為部分內容)

一.道教五種供養的方法，香、花、果、燈、茶介紹
二.祭拜時，金紙使用之分類介紹
三.神祇介紹及請神尊需知
四.十大神咒是指那十大神咒？
五.符文種類及符令介紹，符文、符頭、符膽等製作
六.符令的使用方法教授
七.各種指法，指訣用法及介紹
八.各種斗步，三台步、五星斗步、七星斗步等介紹
九.書符之各種要領介紹
十.符法介紹與操作要領，收驚、動土、胎氣煞等

高階共27單元(以下為部分內容)

一.如何催財，如何聚財之方法
二.生意場所、家中迎財之求財方法
三.酬神、祈福疏文介紹及用法
四.如何製作觀音送財符
五.各種催財、求財符令介紹
六.求文昌、功名之方法介紹
七.陽宅鎮煞制煞法詳解
八.迎祥庶物介紹與催符敕咒要領
九.迎祥之吉祥物安放位置介紹
十.避邪鎮煞吉祥物催符敕咒要領
十一.淨車、淨宅方法介紹
十二陽宅內、外局形煞處理要領

講師：陳宥名

經歷

.美國國家專業催眠教育與認證委員會合格催眠治療師
.社團法人中華民國倫理研究學會聘任五術命理講師
.中國堪輿龍穴聯誼會特聘學術顧問
.財團法人錦江堂文教基金會八字姓名學法術講師
.國立彰化社教館台中黎明社教站姓名學八字講師
.台中縣沙鹿鎮公明國小姓名學八字講師
.中國廣播公司幸福人生五術命理主講人
.中天、年代、三立、東森等各大電視台採訪專業大法師
.精通八字、法術、姓名、卜卦、陽宅、紫微等各項命理

山醫、命、卜、相
說好話・做好事・轉好運

本光碟片只適用於電腦播放 key版

學完符咒後，如果自己覺得符令劃的不夠完整或嚴謹，可以購買一套由吉祥坊開發的符令軟体來幫忙，用電腦列印出來，然後再用香或箭指由符頭到符膽重頭劃一遍(邊劃邊唸)可得到相同的效果

電話-04-24521393-網站abab.com.tw

國家圖書館出版品預行編目資料

學會道法符籙，就看這一本 / 陳宥名、黃恆堉著.
－－第一版－－臺北市：知青頻道出版；
紅螞蟻圖書發行， 2022.08
面 ； 公分－－(Easy Quick ; 187)
ISBN 978-986-488-229-8（平裝）
1.CST：符咒
295.5　　　　111010823

Easy Quick 187
學會道法符籙，就看這一本
作　　者／陳宥名、黃恆堉
發 行 人／賴秀珍
總 編 輯／何南輝
校　　對／陳宥名、周英嬌
美術構成／沙海潛行
封面設計／引子設計
出　　版／知青頻道出版有限公司
發　　行／紅螞蟻圖書有限公司
地　　址／台北市內湖區舊宗路二段121巷19號（紅螞蟻資訊大樓）
網　　站／www.e-redant.com
郵撥帳號／1604621-1　紅螞蟻圖書有限公司
電　　話／(02)2795-3656（代表號）
傳　　真／(02)2795-4100
登 記 證／局版北市業字第796號
法律顧問／許晏賓律師
印 刷 廠／卡樂彩色製版印刷有限公司
出版日期／2022年 8 月　　第一版第一刷
　　　　　2024年 5 月　　第二版第二刷（500本）

定價 360 元　港幣 120 元

ISBN 978-986-488-229-8　　Printed in Taiwan

可以將所要的符令剪下來，然後用【劍指】或【點根香】按照符令上方的文字及符號，從上到下劃一次（劃符令之前五分鐘）要洗手，靜心冥想神佛降臨加持。

按此步驟即可

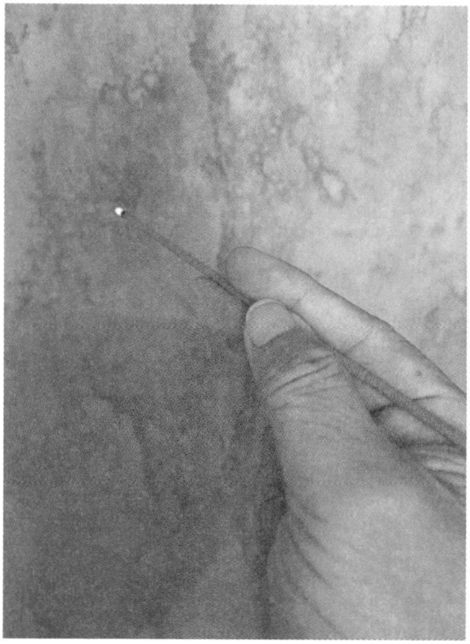

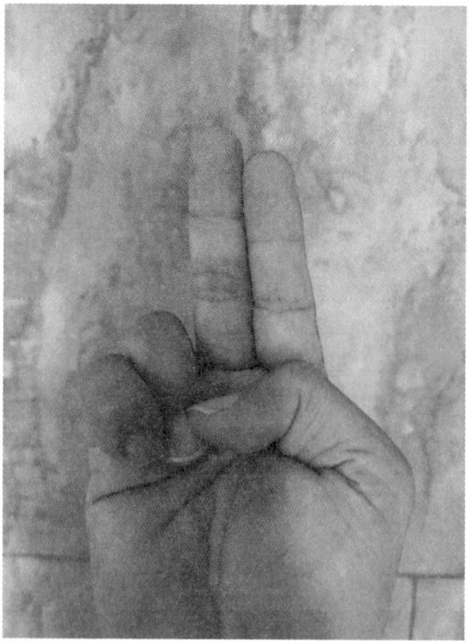

01.北帝押煞符

02.保身符

03.沖犯土煞符

04.收驚符

05.破穢清淨符

06.九龍清淨符

07.鎮元辰光彩符

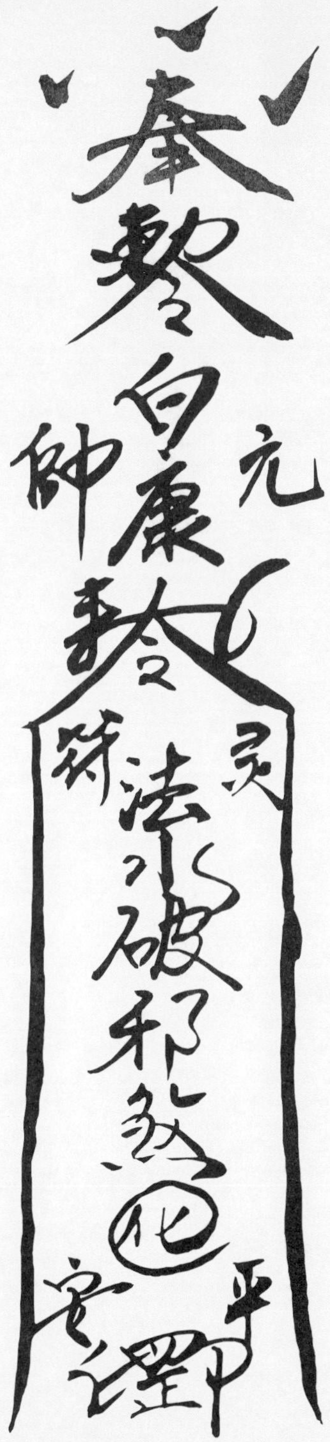

08.白康之師符

09 觀音佛祖安胎符

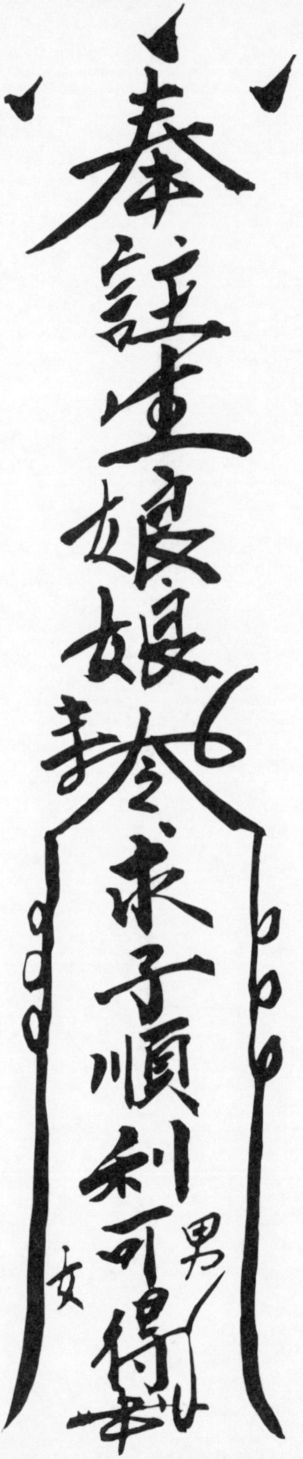

10.求子符

11. 九天玄女安胎符

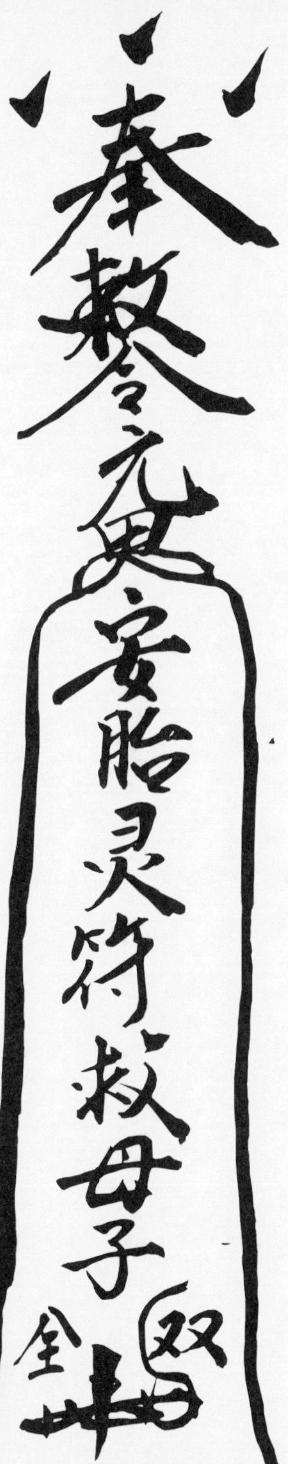

12.安胎符

13.小兒夜啼符

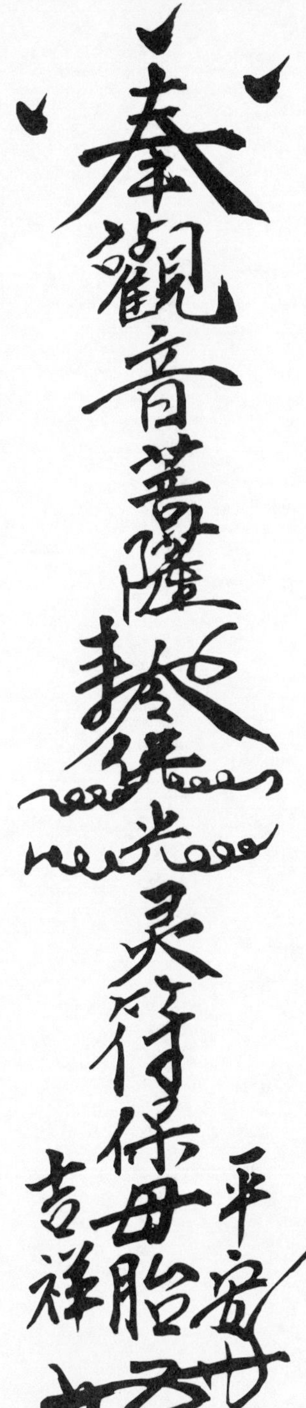

14.觀音保胎神符

15.退煞血符

16.太乙平安符